새 박사
원병오

새를 보면 나도 날고 싶어

원병오 선생님은...

어린이 여러분, 혹시 이 책의 주인공인 원병오 선생님을 알고 있나요? 원병오 선생님은 우리 나라를 대표하는 조류학자입니다. 우리 나라 최초의 동물학자인 원홍구 박사의 아들이기도 하지요.

1929년에 경기도 개성에서 태어난 선생님은 여섯 살 때부터 아버지 원홍구 박사와 함께 새 공부를 시작해서 평생을 새 연구에 바친 분이랍니다.

선생님이 본격적으로 새를 연구하게 되었던 시절은 농림부 임업 시험장에서 연구원으로 일할 때였습니다. 그때는 모든 것이 힘들기만 하였대요. 그러나 선생님은 어떤 어려움과 고난이 닥쳐도 새를 연구하고 조사하는 일을 멈추지 않았답니다. 새를 아끼는 마음으로 무조건 열심히 채집하고 관찰하다 보면 훌륭한 조류학자가 될 수 있다는 꿈을 한 순간도 잊은 적이 없었던 거지요.

꼬마 조류 학자

선생님은 1929년 5월 19일 경기도 개성에서 태어났습니다.
위로 형 셋과 누나 하나가 있는 선생님은 집안의 막내로 귀여움을 독차지하면서 자랐지요. 유난히 아버지를 따르던 선생님은 여섯 살 때부터 〈나비도감〉을 가지고 다니며 새를 쫓아다녔습니다. 금눈쇠올빼미와 북방쇠찌르레기를 발견하고 나서 선생님은 본격적으로 새를 연구하는 학자가 되기로 마음먹었답니다.
그 뒤 선생님은 어린 나이였지만 새에 대한 관심을 가지고 훌륭한 조류학자가 되겠다는 꿈을 키워 갔습니다.

▲ 가족 사진(가운데 흰 모자를 쓴 아이가 원병오이고 맨 왼쪽 안경 쓴 분이 아버지 원홍구 박사)

어려움 속에 피는 꿈

새를 관찰하는 일에 점점 재미를 붙인 선생님은 드디어 아버지의 도움 없이 혼자서 새를 연구하게 됩니다. 선생님이 혼자 힘으로 처음 발견한 새는 쇠물닭이라는 새였습니다.

그러나 기쁨은 그리 오래 가지 않았답니다. 1950년에 일어난 한국전쟁 때문에 유난히 따르던 아버지와 헤어지게 되었기 때문입니다. 평생의 꿈을 키워 주신 아버지와 3·8선을 사이에 두고 헤어지게 된 일은 감당하기 벅찬 어려움이었지요.

그러나 선생님은 아버지의 뒤를 이어 더욱 새 연구에 몰두하게 됩니다. 농림부 임업 시험장에서 연구원으로 일하게 된 것이지요. 선생님은 이 시절에 흑비둘기, 긴꼬리집쥐, 박새, 칡때까치 들을 연구하고 표본을 만드는 일에 열중하게 됩니다.

▲ 쇠물닭

▶ 농림부 임업 시험장 연구원 시절

▲ 1965년 조류 탐사를 위해 간 말레이시아에서

▲ 1989년 8월 백두산 답사 길에

아버지의 뒤를 이어

농약에 중독된 두루미를 살리고, 밀렵꾼의 총에 맞아 죽을 뻔한 황새를 구하고……, 우리 나라에서뿐만 아니라 세계에서도 조류학자로 이름을 떨치게 된 선생님은 시간이 지날수록 헤어진 아버지가 그리워졌습니다. 그래서 아버지를 찾기 위해 여러 가지 방법을 생각하게 됐지요.

선생님은 드디어 새 다리에 가락지를 달아 아버지가 있는 북한으로 날려 보냅니다. 얼마나 가슴이 벅찼을까요? 더군다나 그 새는 선생님이 가장 아끼는 '북방쇠찌르레기'였습니다. 비록 아버지를 만나지는 못했지만 아주 어렸을 때부터 아버지와 한 약속을 지킬 수 있어 선생님은 정말 좋았습니다.

선생님은 해마다 봄이 오면 아버지를 생각하며 더 훌륭한 조류학자가 되기 위해 지금도 힘쓰고 계십니다.

▲ 1965년, 새 가락지를 통해 아들 원병오의 소식을 듣고 기뻐하는 북한에 계신 부모님

▲ 아버지 원홍구 박사

▶ 북방쇠찌르레기

▲ 낙동강 하구에서

우리인물이야기 11

새 박사 원병오_
새를 보면 나도 날고 싶어

1998년 4월 25일 1판 1쇄 펴냄
2016년 5월 10일 2판 11쇄 찍음

지은이・이상권
그린이・이상규
펴낸이・신명철
펴낸곳・(주)우리교육
등록・제313-2001-52호
주소・03993 서울시 마포구 월드컵북로 6길 46
전화・02-3142-6770
팩스・02-3142-6772
홈페이지・www.uriedu.co.kr
인쇄제본・(주)상지사 P&B

・잘못된 책은 구입하신 서점에서 바꾸어 드립니다.
・이 책의 내용을 쓰려면 반드시 저작권자와 (주)우리교육에 서면 허락을 받아야 합니다.
・책값은 뒤표지에 있습니다.

ⓒ 이상권, 1998 이상규, 2007
ISBN 978-89-8040-731-6 74810
ISBN 978-89-8040-720-0 (세트)

이 책의 국립중앙도서관 출판시도서목록(CIP)은 e-CIP 홈페이지(http://www.nl.go.kr/cip.php)에서 이용할 수 있습니다.
(CIP제어번호: CIP2006002939)

새 박사
원병오

새를 보면 나도 날고 싶어

이상권 지음 | 이상규 그림

우리교육

이 책을 읽는 어린이에게

　애들아, 너희는 요즘 시간이 나면 뭘 하면서 지내니?
　이 할아버지가 너희들만 했을 때는 말이야, 산으로 들로 강으로 친구들과 함께 해 지는 줄 모르고 뛰어다니며 놀았단다. 넓은 자연 속에 있다 보면 이름 모를 나무와 꽃들 하며 여러 가지 동물들과 어느새 친해져 있기도 한단다. 너희는 어떠니? 피아노 학원, 미술 학원, 학습지……, 혹시 공부만 하느라 몸과 마음이 모두 지쳐 있지나 않은지 모르겠구나.
　할아버지는 그런 너희를 지켜보면 참 안타까운 생각이 들 때가 많아. 한창 자연 속에서 뛰어다닐 나이에 그러지 못하고 있으니 말이야. 나는 어렸을 때부터 새에 관심이 많았단다. 우리 아버지는 동물학자였는데, 나는 아버지가 하는 일을 굉장히 좋아했어. 지금은 돌아가셨지만 나는 새를 보면 아버지 생각이 참 많이 나. 아버지는 평생 새를 사랑하는 마음으로 산 분이셔. 새도 사람과 마찬가지로 숨 쉬고, 생활하는 생명체라는 것을 나에게 가르쳐

 주었지. 그래서 나는 새를 연구하고 관찰하는 데 흥미를 느꼈단다. 날아다니는 새를 보면 나도 자유롭게 하늘을 날아다니는 꿈을 꾸었어. 새와 친하고 싶은 마음도 들고 말이야.
 애들아, 나는 자연과 친하게 지내고 싶어도 그러지 못하는 너희를 위해 내 얘기를 들려주었단다. 더구나 오래 전부터 기회가 되면 우리 나라에서 살고 있는 새에 대한 이야기를 들려 주고 싶었어. 우리 손자 수영이에게 들려 주는 마음으로 말이야. 이 책에 나오는 새들은 평생 할아버지와 함께 살아 온 새들이란다.
 부디 내 얘기를 듣고 나서 너희가 자연을 소중하게 여기는 마음을 갖게 되면 좋겠구나. 그리고 우리 땅에서 사는 새에 대한 관심도 더욱 많아지기를 바라고 말이야.
 자, 그럼 새 박사 할아버지와 함께 새 여행을 떠나 볼까?

- 이상권 씀

차례

이 책을 읽는 어린이에게 • 10

포도나무 시집보내기 • 14

아버지 고향으로 여행을 가거라 • 22

아버지의 조수가 되다 • 30

다른 새를 잘못 본 게 아닙니까? • 37

처음으로 채집한 쇠물닭 • 45

이제부터라도 시작하자 • 52

임업 시험장 시절 • 64

아버지를 생각나게 하는 쇠찌르레기 • 74

새 가락지를 달아 주자 • 82

누구도 그들을 멸종할 권리는 없어 • 93

꼭 새끼와 함께 돌아오너라 • 99

몸에 좋다면 무엇이든 잡아먹어 • 106

따오기는 다 어디로 갔을까 • 111

수리부엉이 새끼는 이미 팔렸습니다 • 114

시베리아 젊은 신랑과 결혼한 황새 • 121

철새가 알려 준 아버지 소식 • 128

해마다 봄이 오면 • 135

새록새록 신나는 새 이야기 • 140

 ## 포도나무 시집보내기

자아, 어디서부터 이야기를 시작할까?

옳지, 내 어린 시절로 거슬러 올라가야겠구나.

그러니까, 나는 1929년 개성에서 태어났단다. 그렇지, 일제 시대였어. 위로 형이 셋이 있었고, 누나가 하나 있었지. 나는 막내였단다.

개성에서 태어났지만, 어린 시절을 보낸 곳은 평안남도 '안주'라는 곳이란다. 당시 학교 선생님이었던 아버지가 안주에 있는 학교로 발령이 났기 때문이야. 내가 태어나자마자 그곳으로 이사를 했어.

안주는 아주 살기 좋은 곳이야. 집 주변에는 옛날 성터가 남아 있었단다.

무슨 성터냐고? 옛날 고구려 때, 중국 수나라와 당나라가 침략했을 때, 고구려는 거기에다 성을 쌓고 침략군을 막아 냈지. 성은 달걀 모양이고 길이가 50리*20km도 넘어. 정말 큰 성이지?

한번 생각해 보렴. 집 주변이 성으로 둘러싸여 있고, 아주 커다란 밤나무들도 반달 모양으로 집을 감싸고 있었으니, 얼마나 아름답겠니? 나는 아직도 그렇게 좋은 집을 보지 못했어. 아무리 비싼 대리석으로 지은 집도 그 집만은 못하지.

우리 집 동산에는 딸기 밭이 있었지. 여러 과일 나무도 많았단다. 나는 포도나무를 가장 좋아했어.

"이건 내 나무야. 아무도 손대지 마."

그러면 어머니는,

"포도나무는 병오 거니까, 여름에 병오가 포도를 다 싸고, 가을에는 포도즙까지 다 내야겠구나."
하면서 웃으셔.

정말이지 그 나무에서는 얼마나 많이 포도가 열렸는지 몰라. 가을이면 어머니는 포도로 즙을 내느라 바쁘셨지. 나는 신나게 포도를 따서 날랐단다. 포도가 많이 열리면

내 마음도 덩달아 좋아졌거든. 마구 춤추고 싶을 정도로 말이야.

애들아, 과일 나무를 시집보낸다는 말 들어 봤니?

생전 처음이라고?

그럼, 내가 이야기해 줄게.

과일 나무도 시집을 보낸단다. 그래야 과일이 많이 열리지. 여자들도 시집을 가야 자식을 낳잖니. 그거랑 똑같은 이치란다. 허허허, 대체 어떻게 시집을 보내냐고?

해마다 정월 초하루가 되면 아버지는 나를 불러 놓고,

"포도나무는 병오 거니까, 병오가 시집보내야지."

그러면서 어린 나한테 납작한 돌을 주셔.

나는 그 돌을 받아서 포도나무 가지에다 끼우고는 주문을 외우듯이 말했어.

"올해도 포도가 많이많이 열려라."

그게 시집보내는 거야. 돌멩이를 나뭇가지에다 끼우는 것을 나무 시집보낸다고 해. 그것이 우리 나라의 풍습이란다. 옛날에는 다 그랬지.

어릴 때 나는 늘 자연과 함께 살았단다. 암, 학원이나 유치원은 들어 보지도 못했지. 어려서부터 곤충 채집이나 식물 채집을 좋아했단다. 곤충이나 식물을 채집하다 보면 자연스럽게 그 이름을 알게 되었지.

곤충 채집과 식물 채집은 십여 년 전만 해도 아이들 여름 방학 숙제에 반드시 들어 있었어. 요즘은 그런 숙제가 오히려 자연을 파괴하고 소중한 생명을 죽인다고 해서 없어졌다고 하더구나.

나는 곤충 가운데 나비를 가장 좋아했어. 나비처럼 아름다운 곤충이 또 있을까?

소학교, 그러니까 지금의 초등학교쯤 될 거야. 나는 그때부터 〈나비도감〉을 가지고 다니면서 나비 이름을 외웠단다. 물론 누가 하라고 시키지도 않았어. 그냥 좋아서 한 거였지. 나비를 따라다니면 재미있었거든. 하루 내내 쏘다녀도 힘든 줄을 몰랐어.

아마 너희도 그럴 거야. 그만큼 자연이란 좋은 것이지. 자연은 아이들하고 가장 친하거든.

너희도 산이나 들에 가거든 나비나 꽃 이름 대기 놀이를 해 봐. 〈동·식물도감〉을 가지고 나가는 걸 꼭 잊지 말고.

뭐, 도감이 없다고? 그럼, 어린이날이나 생일에 선물을 받게 될 때 식구들에게 말하렴.

"아빠는 〈식물도감〉을 사 주고요, 엄마는 〈나비도감〉, 삼촌은 〈조류도감〉, 고모는 〈곤충도감〉……."

한 권씩 차근차근 마련해도 되니까 지금 없다고 실망할 건 없어.

아무튼 그런 책은 반드시 있어야 해. 영어 사전보다 더 중요하니까.

 **아버지 고향으로 여행을 가거라**

애들아, 여기서 우리 아버지에 대한 이야기를 좀 해야겠구나.

실은 내 이야기보다 아버지에 대한 이야기를 더 들려주고 싶단다. 우리 아버지야말로 평생을 새한테 바친 분이야. 일제 시대 때 조선 사람으로는 유일하게 동물을 연구한 학자였거든.

내가 자연을 좋아하고 새를 연구하게 된 것도 아버지 때문이야. 암, 난 아버지를 참 좋아했으니까.

아버지가 선생님이셨기 때문에 발령받은 학교를 따라 우리는 자주 이사를 했어. 우리 가족은 이사할 때마다 이삿짐 때문에 고생이 말이 아니었단다. 왜냐고? 부러진 숟가락 하나 버리지 않는 어머니 때문이었지.

"여보, 제발 버릴 건 좀 버리시오. 저 바가지도 좀 버리고요."

우리 어머니는 깨진 바가지까지 챙겼거든.

"아직도 몇 달은 쓸 수 있는데 왜 버려요."

아이고, 말도 마. 우리 어머니는 아주 지독한 구두쇠야. 그러니 이삿짐이 줄겠어?

게다가 아버지의 살림살이는 얼마나 많았는지 몰라. 대부분 박제해 놓은 새였지. 박제한 새가 4,000마리쯤 되었으니까, 상상을 해 봐. 얼마나 많았겠니? 아마 너희가 공부하는 교실 하나쯤은 빽빽하게 채우고도 남았을 거야. 또 박제된 새들이라 다룰 때도 아주 조심스러웠단다.

아버지는 다른 살림살이보다 박제한 새를 더 중요하게

여기셨단다. 그래서 우리 가족은 아무도 박제한 새를 함부로 할 수 없었지. 그만큼 새에 대한 애정이 많으셨어.
　우리 아버지는 평범한 농사꾼의 아들로 태어나서 학교 다닐 때는 장학금을 받으며 공부를 하였대. 일본에도 건너

가서 공부를 하였고, 나중에는 선생님이 되었단다. 선생님이 된 뒤, 아버지는 동물을 연구하였어. 아무리 어려운 일이 있어도 새를 연구하는 일만큼은 포기하지 않으셨지.

참, 너희 혹시 나비 박사 석주명 선생님을 알고 있니?

허허, 잘 아는구나. 그 석주명 선생님도 우리 아버지의 제자란다.

아버지는 막내인 나를 유난히 아끼셨지. 내가 워낙 자연을 좋아했기 때문이야.

한번은 이런 일이 있었단다.

그때가 소학교 6학년, 요즘으로 치면 초등학교 6학년 때야. 하도 여행을 하고 싶어서 며칠 동안 아버지를 졸라 댔거든.

"아버지, 저 여행 좀 보내 주세요, 네에?"

"좋다. 그 대신 아버지 고향으로 가거라. 그럼 보내 주겠다."

아버지는 이런 조건을 달아서 허락해 주시더구나.

아버지 고향은 평안북도에 있는 '벽동'이라는 곳이야. 아버지는 고향에다 선산*을 마련해 두셨어. 그때만 해도 산지기라고 해서 산을 지키는 사람이 있었어. 농사일을 하면서 다른 사람의 산을 지켜 주는 일을 하였지.

왜 산을 지키느냐고? 주인이 없으면, 산에 있는 나무를 다 베어 가니까. 어디 그뿐이야? 함부로 무덤도 만들고, 마

*조상의 무덤이 있는 산.

구 파헤치기도 하였지. 그러니까 우리 아버지도 산지기를 두었을 게 아냐?

나는 그 산지기네 집에서 하룻밤을 묵게 되었어.

"아이고, 멀리 오느라 고생이 많았구나. 자아, 많이 먹어라."

그 산지기가 닭까지 잡아서 극진히 대접해 주더군. 그때만 해도 닭이 아주 비쌌지. 쌀보다 더 귀했으니까. 아주 귀한 손님이 와야 닭을 잡았거든.

하지만 나는 그 산지기의 대접을 별로 고마워하지 않아서 닭도 많이 먹지 않았어. 밤에 잠을 자는데 말이지, 너무 불편한 거야.

애들아, 너희도 가끔 농촌에 가서 잠을 자면 불편하지 않니? 왠지 불결해 보이고, 방바닥에서 뭐가 기어 다니는 것 같고, 천장에서는 쥐들이 운동회를 하고, 이불도 더럽고, 방에서 이상한 냄새도 나고…….

나도 그랬단다. 사실, 나는 아주 부드러운 이불밖에 덮어 보지 않았거든. 그러니 시골 사람들의 때 묻은 이불을 덮

고 잘 수가 있어야지.

나는 거의 뜬눈으로 밤을 보냈단다. 그러고는 다음 날부터 엉뚱한 곳에 가서 옛날 친구들과 함께 놀아 버렸지. 그러니까 아버지와 한 약속을 지키지 않은 거야. 아버지의 고향에서는 하룻밤밖에 자지 않았으니까.

그 사실을 안 아버지는 크게 야단을 쳤어.

"이 녀석아, 아버지 고향에 있다가 오라고 했지, 엉뚱한 곳에 가서 친구들과 놀다 오라고 했냐? 아버지가 어떤 곳에서 태어나고 어떻게 자랐는지 아버지는 너한테 보여 주고 싶었다. 그래서 일부러 고향에 가게 한 거야!"

나는 좀 더 큰 뒤에야 아버지의 진정한 마음을 알 수 있었지. 왜 아버지가 나를 그때 시골로 보냈는지 말이야.

 ## 아버지의 조수가 되다

참, 너희가 알고 있는 새 이름을 한번 말해 보렴.

"참새, 박새, 타조, 갈매기, 기러기, 그리고 제비……."

좋아, 잘했다. 또 누가 말해 볼까?

"참새, 박새, 타조, 갈매기, 기러기, 제비, 앵무새, 칠면조, 그리고 군함새, 또오 플라밍고……."

그래, 그 정도면 훌륭하구나. 하지만 우리 나라에서 사는 새들은 너무 모르는구나. 녀석들, 이제부터 이 할아버지한테 자주 와서 배워야겠어.

참새, 까치, 굴뚝새, 제비, 꿩, 뜸부기, 솔개, 붉은머리오목눈이 아니, 뱁새라고도 하지. 이렇게 우리 나라에서 살고 있는 새들 정도는 알아야지.

나는 말이야, 소학교 다닐 적에 새 이름 150개 정도는 달달 외우고 다녔단다. 한데 요즘은 학교 선생님들도 새 이름을 말해 보라고 하면 열 가지를 넘지 못해.

그래, 너희 잘못이 아니지.

애들아, 우리 자연에서 살고 있는 동물을 아는 것은 너희가 아장아장 걸음마할 적부터 배우기 시작하는 ㄱㄴㄷ을 외우는 것보다 더 중요해.

다시 내 이야기를 하자면, 나는 아버지가 하는 일이라면 무조건 좋아했지. 자연과 동물, 그리고 책을 좋아하는 아버지가 무척이나 좋았단다. 그래서 늘 아버지를 따라다녔어. 게다가 중학생이 되고부터는 바늘과 실처럼 붙어 다녔어. 나중에는 아버지가 새나 동물을 박제할 때도 내 도움이 필요했단다. 어느새 나는 아버지의 훌륭한 조수가 되어 있었던 거야.

 아버지는 아주 어려서부터 나를 데리고 다녔는데, 그러니까 내가 여섯 살 땐가 그래.

 어느 겨울밤이었는데, 이상한 소리가 들렸어.
 아버지는 늑대 울음소리라고 하더구나.
 나는 두렵고 무서웠지만 한편으로는 호기심도 생겼어.
 '정말 늑대일까?', '늑대는 어떻게 생겼을까?'
 그런데 아버지가 나를 부르시더니,
 "아버지를 따라가려면 어서 옷 입어라."
하는 거야.
 순간 두려움도 사라지더구나. 아버지랑 같이 가니까 말이야. 그런데 막상 아버지를 따라 산에 오를수록 그 소리가 점점 가까워지는 거야. 갑자기 겁이 나더구나.
 소리가 나는 곳은 성벽 위였어. 그런데 말이야, 소리는 나지만 늑대는 보이지 않는 거야. 왠지 그런 곳에서는 숨어 있기가 영 불편해 보였어. 나는 아버지 뒤를 따라 성으로 올라갔지.

아, 그러니까 그 울음소리가 반대편 성에서 들리는 거야.

"아버지, 벌써 저쪽으로 도망쳤지요?"

"허허, 글쎄다. 새처럼 날아가 버렸나……."

아버지도 고개를 갸우뚱하더라고.

다음 날 아버지는 나를 떼어 놓고 혼자 나섰지. 총까지 들고 말이야. 위험한 일이 생길지도 모르니까 그런 거야. 하지만 그날 밤 아버지는 늑대를 잡지 못했지.

"이상하단 말이야. 이 녀석이 다가가면 재빨리 반대편으로 도망치고, 또 그쪽으로 가면 어느새 이쪽으로 도망치니 말이야. 늑대가 그렇게 빠를 수 있을까?"

"병오를 데리고 가요. 그 앤 귀가 밝으니까요."

어머니 말씀 한마디에 나는 정식으로 아버지의 조수가 된 거야.

그날 밤에야 나는 울음소리를 내는 동물이 늑대가 아니고 새라는 사실을 알았어. 나는 울음소리를 가만히 들어 보았지. 너석은 근처 성벽에서 울었어.

자세히 보니 까만 것이 보여.

"아버지, 저기 뭐가 있어요."

"탕!"

아버지가 쏜 총알은 빗나갔어. 그때 갑자기 '푸드득' 하고 새가 날아가더구나. 그제야 비로소 새라는 사실을 안 거야.

그다음 날 밤에 아버지와 나는 기어이 그놈을 잡았단다.

"아버지, 올빼미죠?"

아버지는 얼른 대답을 하지 않으셨어.

"그래, 올빼미는 올빼민데……."

왜냐하면 그 부엉이는 일본 학자들이 만든 《조선의 새》

라는 책에도 나와 있지 않았거든. 금빛 눈을 가진 그 부엉이는 새로 찾아낸 새였단다.

"병오야, 우리가 이 녀석 이름을 붙여야겠구나. 자, 이놈은 눈이 아주 특이하지? 그러니까 '금눈쇠올빼미'라고 하자. 어때?"

나도 그 이름이 좋았어. 그 이듬해 신문에는 다음과 같은 기사가 실렸단다.

"조선에도 새를 연구하는 훌륭한 학자가 있다. 그는 아직 알려지지 않은 새로운 부엉이를 찾아내서 '금눈쇠올빼미'라고 이름을 붙여 세계 조류학회에 알렸다……."

 ## 다른 새를 잘못 본 게 아닙니까?

주변 사람들은 나를 보면,

"어쩌면 아버지를 저렇게도 쏙 빼닮았을까? 웃는 모습 하며 성격까지도 비슷하단 말이야."

이런 말을 자주 해. 나도 아버지를 닮았다는 말이 가장 듣기 좋았어. 이상하게도 그 말이 좋았단다. 사실 아버지는 묵묵하고 자상한 편이 아니었는데도 말이야. 아마 아버지가 하는 일이 좋았던 모양이야.

아버지도 내 얼굴을 쳐다보면서 은근히 좋아하였지.

"병오야, 아버지가 하는 일이 그렇게 좋으냐?"

한번은 그렇게 물어 보시더구나.

그러면 나는 서슴없이 이렇게 대답했단다. 꼭 그 순간을 위해서 대답을 준비해 둔 것처럼 말이야.

"예에, 좋아요. 아빠, 저도 새를 연구하는 학자가 될래요. 두고 보세요."

"허허허, 이 녀석 봐라. 그래, 네가 정말 새를 연구하는 학자가 되겠단 말이냐?"

아버지는 무척 놀라는 눈치였어. 지금도 마찬가지지만, 당시에는 그 일이 무척 힘들었거든. 그러니까 아버지는 자식한테 새를 연구하는 일을 물려주고 싶지 않았을지도 모르지.

"예에, 저는 꼭 새를 연구하는 학자가 되겠어요."

"무척 힘들 텐데. 날마다 산이나 들로 돌아다녀야 하고 말이야. 그래도 좋니?"

나는 더욱 우렁차게,

"네에, 꼭 새를 연구하는 학자가 될래요."
하고 대답했단다.

그 말을 들은 아버지는 웃으셨지만 어두운 표정이었지. 그러나 아버지는 나한테 많은 것을 가르쳐 주었어.

내가 소학교 5학년 때 여름이던가……, 아마 그때쯤일 거야.

나는 아버지를 따라 흥남 평야 쪽으로 갔단다. 어느새 나는 능숙한 조수가 되어 있었으니까, 채집한 새의 부리 모양과 색깔을 관찰하고, 꼬리 길이, 또 다리 길이와 색깔이라든가 깃털 생김새, 색깔, 걷는 모습, 울음소리 따위를 기록했지.

관찰하는 일에는 끈기가 필요하단다. 날마다 일정한 시간에 마주치는 모든 새를 관찰해야 하지. 때로는 둥지 밑에서 하루 내내 기다려야 할 때도 있단다. 온통 풀밭으로만 다니니까 무서운 뱀도 만나고, 벌한테도 쏘이고, 소나기를 흠뻑 맞기도 하였지.

애들아, 나는 정말이지 그런 일이 조금도 힘들지 않았어. 오히려 재미있고 신이 났단다.

그날도 쌍안경으로 숲을 관찰하는데 낯선 새가 보였어.

"아버지, 저기 뱃가죽이 흰 새가 있는데요. 등이나 날개, 꼬리는 검은데 황갈색 줄무늬가 있어요. 날개는 은빛으로 보여요."

"그래, 나도 보고 있다. 저놈의 날개는 원래 잿빛이야. 햇빛을 받아서 은빛으로 보이는 거란다. 가만 있자, 저 새는 북방쇠찌르레기잖아. 그것 참, 이상한데. 저 새가 지금까지 여기에 남아 있을 리가 없는데. 시베리아에서 번식하다가 여기는 봄과 가을에 스쳐갈 뿐인데……"

아버지는 자꾸만 고개를 갸우뚱거리더라고.

나도 아버지에게 들어서 대충은 알고 있었지. 북방쇠찌르레기는 우리 나라에서는 번식하지 않고 그냥 지나치는 새라고 말이야.

그런데 자세히 살펴보니까 그 새가 지푸라기를 물고 있지 뭐야.

그때까지도 아버지는 믿을 수 없다는 표정이었어.

"그렇다면 북방쇠찌르레기가 우리 나라에서도 번식한다는 말이구나. 저 새는 따뜻한 남쪽 나라에서 겨울을 나고, 봄이 되면 우리 나라를 거쳐서 중국의 동북 지방(만주)이나 동부 시베리아(연해주)로 가서 번식한다고 알려졌는데 말이야."

아버지와 나는 약간 흥분한 채로 새를 쫓아가 봤어. 그랬더니 오동나무 줄기에 구멍을 뚫어 놓고, 그 속에다 둥지를 만들고 있더구나. 가는 이파리, 나무뿌리, 풀뿌리, 그리고 깃털로 만들어진 둥우리.

애들아, 아버지와 나는 바로 다음 날부터 날마다 그곳에 갔단다.

아버지는 그 사실을 세계 조류학회에 보고하였지. 그러나 일본 조류학자들은 깜짝 놀라면서 그 보고서를 믿으려 하질 않았어.

"아니, 그것이 사실입니까? 혹시 다른 새를 잘못 본 것이 아닙니까?"

"사실입니다. 믿기지 않거든 직접 와서 확인하십시오."

그러자 일본과 세계의 조류학자들이 직접 찾아왔단다.

직접 북방쇠찌르레기의 둥지를 눈으로 확인한 조류학자들은 찬사를 아끼지 않았단다.

"아, 이것이야말로 위대한 발견입니다! 그 누구도 이런 사실을 발견할 수는 없을 것입니다."

아버지의 얼굴과 이름이 다시 한 번 신문에 나왔지.

애들아, 생각해 보렴. 너희가 그처럼 위대한 발견을 했다면, 얼마나 기쁘겠니?

암, 하늘을 날아갈 것 같았어.

일본 사람들에게 칭찬받고, 일본 신문에 났다고 해서 기쁜 게 아냐. 그렇게 엄청난 발견을 해냈다는 사실이 기뻤던 거야.

  그 북방쇠찌르레기는 뒷날 나한테 아버지의 소식을 알려주기도 하였지. 그래, 그 이야기는 나중에 들려줄게.

 ## 처음으로 채집한 쇠물닭

 자, 그럼 이번에는 내가 직접 잡은 새 이야기를 해 볼까?
 애들아, 무슨 일이든지 그 일을 할 때는 반드시 기쁨이 있어야 하는 법이란다. 그래야 힘든 순간을 이겨 낼 수 있으니까.
 나도 마찬가지야. 아버지를 따라다니면서 북방쇠찌르레기를 보았을 때도 기뻤고, 금눈쇠올빼미를 만났을 때도 기뻤지. 하지만 나는 혼자서 새를 채집하지는 못했어. 늘 나

혼자서 새를 채집하고 싶었지만 그 일은 쉽지 않거든.

해방이 되자, 나는 아버지의 도움 없이 움직이기로 했지.

"아버지, 저도 이제 혼자서 새를 채집하고 싶습니다."

자꾸만 더 넓은 곳으로 가서 새를 채집하고 싶은 충동이 드는 거야. 아버지가 모르는 새를 찾아서 아버지를 깜짝 놀라게 하고도 싶었거든. 청년이 된 나는 많은 곳을 돌아다녔단다. 그러나 좀처럼 새를 채집하기가 어려웠어.

아마 1948년 이른 여름이었을 거야.

사리원 어느 저수지 근처를 돌아다니다가 아주 멋들어진 쇠물닭을 보았지. 물에서 살아가는 야생 닭을 쇠물닭이라고 해. 집에서 기르는 닭과 비슷하게 생겼지. 그러나 집에서 기르는 닭과는 달리 헤엄을 아주 잘 친단다. 발가락에는 물갈퀴가 있거든.

이마는 빨간 게 특징이야. 쇠물닭은 또 물가 풀밭에다 알을 낳는데.

"어어, 물뱀이 쇠물닭 알을 먹네."

내 입에서 그 말이 저절로 터져 나왔어.

겨우 쇠물닭 둥지를 찾았는데, 내 발보다 긴 물뱀이 쇠물닭 알을 먹고 있는 거야. 물뱀들이야말로 쇠물닭의 가장 무서운 천적이거든. 그래도 어떻게 해. 물뱀도 먹고 살아야 하는걸. 물뱀이 쇠물닭 알을 먹는 것은 자연스러운 이치니까. 나는 물뱀이 쇠물닭 알을 두 개 먹을 때까지 기다린 다음, 물뱀을 쫓아 버렸단다.

쇠물닭은 알을 많이 낳는 편이야. 보통 여섯 개에서 아홉 개까지 낳아. 그러니 한두 개쯤은 없어져도 괜찮아. 사실 쇠물닭이 아홉 개의 알을 낳는다면, 그 알이 부화해서 어른 쇠물닭으로 자랄 확률은 반도 안 되거든.

나는 그곳에서 날마다 쇠물닭을 관찰했지. 쇠물닭이 얼마나 잠수를 잘하는지도 그때 처음 알았고.

쇠물닭은 다른 새들보다 더 예민하단다. 사람 냄새도 맡을 정도니까. 쇠물닭에게는 물뱀보다도 사람이 더 무서운 천적이란다. 그러니까, 내가 살금살금 기어서 다가가기만 해도 어떻게 알고는,

"얘들아, 사람이 온다. 어서 물속으로 도망쳐라."

하고는 금방 사라져 버렸어.

그러니 끈기가 필요할밖에. 나는 날마다 쇠물닭들을 찾아가서 말을 걸기도 했단다. 쇠물닭들이 도망치지 말라고 말이야.

"나는 너희를 해치지 않아."

드디어 쇠물닭들도 나를 무서워하지 않더구나.

내가 드디어 어미 쇠물닭을 사로잡았던 때는 새끼들이 다 자라고 난 뒤였어. 내 힘으로 처음 잡아서 박제한 쇠물닭을 보신 아버지는 무척 대견해하였어.

"허허, 녀석……. 이제, 너도 다 컸구나."

그때부터 나는 자신감이 생겼단다. 사실, 그때의 기쁨이란 어떻게 말로 표현할 수가 없어. 지금도 잊히지 않거든.

애들아, 새를 잡는 건 고기를 얻으려는 게 아니란다. 박제를 해 놓고 더욱 많은 연구를 하기 위해서야. 그러니까 잡히는 새는 안됐지만 살아 있는 새를 위해서는 결국 도움이 되는 일이지. 학자들은 박제된 표본을 가지고 그 새를 연구한 다음, 많은 새들이 자연과 함께 잘 살 수 있게 해 주니까. 그러니까 사람과 동물이 다 함께 잘 살아갈 수 있게 연구하는 거야.

그렇다고 무작정 새를 잡아서 표본을 만들 수는 없어. 새의 종류에 따라서 다르단다.

생각해 보렴. 몇 마리밖에 남지 않은 새를 잡는다면 얼마나 우스운 꼴이 되겠니? 그렇게 몇 마리밖에 남지 않은 새는 되도록이면 산 채로 잡아야 해. 사람의 힘으로 새끼를 부화시켜서 자연으로 풀어 주지.

　그러니까 새의 표본을 만드는 일은 정확한 계획을 가지고 해야 한단다. 전문가가 아닌 사람이 아무렇게나 하면 안 돼.

 ## 이제부터라도 시작하자

애들아, 너희도 전쟁놀이를 좋아하니?

좋아한다고?

허허, 괜찮다. 누구나 어렸을 때는 전쟁놀이를 좋아하니까. 나도 너희만 했을 때는 전쟁놀이를 좋아했지.

하지만 어른들이 하는 전쟁은 아주 슬프단다. 어떤 전쟁이든 마찬가지야. 왜냐하면, 전쟁이란 서로 상대편을 죽이지 않으면 안 되거든. 그러니 같은 민족끼리 전쟁을 하면 어떻게 되겠니? 결국 자기 형제들을 죽이는 꼴이야.

　우리 가족도 전쟁 때문에 헤어지게 되었단다. 그때만 해도 우리 같은 사람들이 아주 많았지.

　원래 나는 평양에 있는 김일성대학 농학부에 입학했어. 그러다가 졸업은 한국 전쟁이 나던 해 7월에 원산 농업대학에서 하게 되었지. 결국 전쟁을 겪으면서 뜻하지 않게 부모님과 헤어졌어. 그야말로 맨손인 채 남쪽으로 내려오게 되었단다. 물론 당시에는 영영 부모님과 헤어지리라고는 생각하지 못했어. 전쟁만 끝나면 만날 줄 알았는데…….

　막상 서울로 왔지만 나는 갈 곳이 없었어. 전쟁 통이라 할 일도 없었고.

　결국 나는 서울 생활 20일 만에 국군에 입대하였고, 곧 장교 교육을 받아 장교가 되었지. 남들이야 다들 전쟁 통이라 군 입대를 꺼렸지만, 나는 그럴 처지가 아니었어. 먹고살기도 힘들었는걸. 그래도 군대에 가면 굶지는 않잖아?

　전쟁이 끝나고 나서는 더는 군대에 있을 필요가 없었어.

장교로 있을 때 나는 늘 나쁜 생각을 하고 있었거든.

'나는 다른 일을 해야 해. 장교는 나한테 어울리지 않아. 아버지와 한 약속대로 새를 연구하는 학자가 될 거야.'

그런데 내가 제대를 하려고 하자 주변 동료들은 모두 말렸어.

"아니, 자네 갈 곳이나 있나?"

"지금은 장교로 사는 것이 더 나을 것이네."

"아니네. 나는 할 일이 따로 있네."

나는 1956년 초에 제대를 했단다.

나에게는 군대가 생활의 터전이었으니까 서운하기도 했지. 고민도 많이 했고, 말리는 사람도 많았거든. 하지만 나는 아버지와 한 약속을 지키고 싶었어. 새에 대한 연구 말이야.

'더 공부를 해서 아버지의 뒤를 이어야 해.'

나는 군대 생활을 하면서도 마음속으로는 늘 이렇게 다짐했으니까. 그런데 다짐하면 할수록 주위 사람들은 나를 끊임없이 망설이게 했어.

"이봐, 잘 생각하게. 지금 제대해 봤자 직장도 구하기 힘들어."

"지금 조국에는 자네 같은 군인이 필요해."

그럴 때마다 나는 단호하게 뿌리쳐 버렸단다.

"나는 아버지의 뒤를 이어야 합니다."

하고 말이야. 사실 그때는 군 장교가 안전한 직업일 수도 있었지. 워낙 살기가 힘들었으니까 말이야. 하지만 편안하게 살겠다고 오랫동안 가져왔던 꿈을 버릴 수는 없었단다. 그야말로 달걀로 바위 치기라는 생각을 했지만, 어쩔 수 없었어.

어렵게 결정을 하고 시작한 사회생활은 생각했던 것보다 훨씬 더 힘들더구나. 어디 내가 할 수 있는 일이 있어야지.

그러던 차에 나는 아버지를 잘 아는 분을 만나게 되었어.

그분은 당시 문교부에서 일을 하고 있었지. 바로 그분이 나를 도와준 거야. 그분도 생물학자였거든.

"그래, 자네가 조선의 위대한 조류학자 원홍구 선생의 아들이라고? 그러고 보니 많이 닮았구먼. 남한에서 원홍구의 아들을 만나다니……. 믿어지지 않는군."

그분은 나를 보고 무척 좋아하셨단다.

나는 꼭 아버지를 만난 기분이었어.

"그래, 앞으로 어떻게 살 작정인가? 차라리 장교로 복무하는 편이 나았을 텐데 말이야. 설마 자네 아버지와 같은 일을 하고 싶다는 건 아니겠지?"

"아저씨, 저는 아버지와 약속했습니다. 아버지의 뒤를 잇겠다고요. 그래서 장교 생활도 그만두었구요. 어떤 곳이라도 좋습니다. 새를 보고, 새를 연구할 수만 있다면 어떤 일이라도 하겠습니다."

"허허, 아버지보다 고집이 더 세군. 하지만 단단히 각오해야 할 걸세. 더구나 지금은 전쟁이 끝난 지도 얼마 안 된 때니까. 남한에서 새를 연구하겠다는 것은 황무지에서 농사를 짓겠다는 말이나 같다네. 자네 같은 사람을 찾는 곳이 딱 한 군데 있기는 하네만……, 월급이 아주 적고…….”

그 말에 내 귀는 번쩍 뜨였어.

“거기가 어딥니까? 월급은 적어도 상관없습니다. 새를 연구할 수만 있다면요.”

“그래, 정말 해 볼 작정인가? 좋네. 이번에 새로 만들어진 농림부 중앙 임업 시험장이네. 애초부터 기대는 하지 않는 게 좋을 것이네. 말이 임업 시험장이지 책 한 권도 없는 곳이라네. 그러나 새는 마음껏 볼 수 있을 것이네. 자네가 모든 것을 새롭게 시작해야 해. 그래도 해 볼 작정인가?”

나는 아주 기쁘게 대답했지.

그렇게 해서 나는 농림부 중앙 임업 시험장에 취직을 했던 거란다. 농림부 중앙 임업 시험장은 지금도 있단다. 지금은 흔히 홍릉 수목원이라고 하지. 우리에게 잘 알려진 광릉 수목원도 홍릉 수목원에서 떨어져 나온 곳이야.

그곳에서 받은 내 월급은 정말 보잘것없었어. 장교 월급에 견주면 형편없이 적었지. 게다가 나는 임시직이있어. 그래도 나는 만족했단다. 나는 오직 야생 동물을 조사하고 연구하는 일에만 열중했단다. 월급이니 임시직이니 하는 것들은 신경도 쓰지 않았어.

하지만 당시 임업 시험장에는 자연보호에 대해서 이야기할 사람도 없었고, 책 한 권도 없었단다. 나는 참 외로울 때가 많았지.

'아, 이럴 때 아버지가 계셨다면……'

아버지의 서재가 그리웠단다. 그 많던 책과 박제 표본들…….

'좋다, 이제부터라도 시작하자.'

나는 좌절할 수 없었단다. 일단 표본을 만들고, 연구하고, 헌책방을 찾아다니며 책을 구하기 시작했어. 그 시설엔 우리 나라 사람이 쓴 야생 동물에 대한 책이 거의 없었거든. 그러니 일본 학자들이 쓴 책을 보게 되었지. 어떨 때는 내 월급을 몽땅 털어서 책을 사기도 했어. 하지만 내 연구는 번번이 벽에 부딪쳤어.

나는 고민 끝에 책에서 본 일본 학자들에게 편지를 썼단다. 지금 생각해 보아도 대단히 용감한 행동이었어. 더구나 일본은 얼마 전까지만 해도 우리 나라를 지배하였으니까. 하지만 자연에 대한 연구는 민족과 국가를 넘어서거든. 그래야만 더 좋은 연구를 할 수 있으니까.

나는 편지에 이렇게 썼어.

"나는 지금부터 한국에 있는 새의 종류를 분류하고, 생태에 대해서 공부하려고 합니다. 그러나 우리 나라에는 그런 책이 거의 없을 뿐더러 무엇부터 어떻게 시작해야 하는지 아무것도 모르고 있으니 방법을 가르쳐 주셨으면 합니다. 가능하면 좋은 책도 우송해 주셨으면 고맙겠습니다……."

대충 그런 내용이었어. 그렇다고 크게 기대는 하지 않았지. 내가 이름난 학자도 아니었고 더구나 조선 사람이고 말이야.

아, 그런데 놀랍게도 답장이 오더구나.

일본 학자들은 자신들이 쓴 연구 논문과 비싼 책까지 부쳐 주었던 거야. 거기에다 얼굴이나 이름조차 들어보지 못한 다른 일본 학자들이 나를 돕겠다고 나섰단다. 그때 나는 얼마나 큰 힘을 얻었는지 몰라.

"어렵더라도 좌절하지 마십시오. 힘이 닿는 대로 도와드리겠습니다. 연구란 특별한 방법이 없습니다. 무조건 열심히 채집하다 보면 자연히 알게 될 것입니다. 열심히 하십시오."

그들은 이렇게 나를 격려해 주었지.

지금도 나는 배우는 사람들에게 이 말을 자주 해.

"무조건 열심히 채집하다 보면 알게 됩니다."

맞아. 열심히 새들을 관찰하고 채집하다 보면 알게 되는 것이란다.

그 뒤로 나는 많은 일본 학자들에게 도움을 받으면서 연구를 했단다.

 **임업 시험장** 시절

　나는 아주 열심히 일했단다. 그때는 젊었고, 내가 해야 할 일도 많았어.

　또, 바쁘게 일해야만 북에 계신 부모님을 잊을 수가 있었거든. 어떤 일보다 견딜 수 없이 힘들었던 것은 아버지에 대한 그리움이었어.

　'아버지, 보고 싶습니다. 지금도 어딘가에서 새를 찾아 돌아다니시겠지요. 저도 이곳에서 새를 연구하고 있습니

나…….'

그리움은 시간이 갈수록 외로움으로 바뀌어 나를 힘들게 했지. 날마다 마음속으로 편지를 썼어. 새를 볼 때마다 아버지를 부르고 편지를 썼지만, 어디 부칠 수가 있어야지. 그때마다 나는 일에 빠져 외로움을 떨쳐 내려고 했어.

내가 워낙 열심히 일을 하니까 도와주려고 하는 사람들이 많았단다. 사람이란 누구나 그래. 무엇인가를 열심히 하려고 하는 사람은 도와주고 싶거든. 주로 내가 하는 일은 새와 짐승들을 조사하는 것이었지. 당시 홍릉 임업 시험장 소장님도 나를 도와주었단다.

"자넨 몸을 아끼지 않고 일을 하는구먼. 요즘 시대에 자네 같은 젊은이가 있다는 것이 놀랍군. 누가 이런 일을 하려고 하겠나? 월급도 적고, 일도 힘든데 말이야. 이보게, 원 군. 내가 도와줄 일 없겠나?"

한번은 그렇게 물어보시기에,

"예, 실은 어려운 부탁을……."

내가 말을 못 맺고 머뭇거리자 그분이 솔직하게 말해 보

라고 하시더군.

"예, 새를 깊이 연구하려면 표본이 있어야 합니다. 표본을 만들려면 새를 잡아야 하지요. 즉, 새를 잡기 위해서는 총이 필요합니다. 제가 알기로는 벨기에서 만든 엽총이 가장 좋은 것으로 알고 있습니다. 그 총을 구해 주셨으면 합니다."

"벨기에제 엽총이라, 그건 좀 비싸겠군. 좋네. 또 할 말이 있으면 해 보게."

"고맙습니다. 그리고 울릉도에 좀 다녀왔으면 하고요."

내 말에 소장님은 다소 놀란 표정으로,

"아니, 울릉도에는 왜?"

하시더구나.

"새를 보러 가는가?"

"예에, 꼭 봐야 할 새와 동물이 있습니다."

"그래. 자네가 단순히 관광을 하려고 가지는 않을 테고. 알았네. 그렇게 해 주겠네."

그렇게 해서 나는 울릉도를 가게 되었단다. 그분은 참으로 나를 많이 도와주었어. 내가 하는 일이라면 무조건 믿어 주었으니까.

울릉도에 가려고 했던 까닭은 간단해. 일단 울릉도 흑비둘기에 대해서 알고 싶었고, 일본 교수가 이름 붙인 긴꼬리집쥐를 관찰하려는 계획이었어. 특히 울릉도 흑비둘기는 아버지가 꼭 연구해 보려고 한 새였거든. 나는 늘 마음속으로 울릉도 흑비둘기를 생각하고 있었어.

더군다나 일본에서 이름난 동물학자인 모리 교수가 긴꼬리집쥐는 조선의 울릉도에만 있다고 주장해서 더 가고 싶었지.

내가 총까지 들고 오니까 울릉도 경찰이 자꾸만 따져 묻는 거야.

"실례합니다만, 울릉도에 오신 목적이 뭡니까?"

경찰들로서는 그럴 법하지. 그때는 무기를 엄격하게 관리하던 때였으니까. 지금도 마찬가지지만 말이야. 더구나 전쟁이 끝난 지 오래 되지 않았거든.

"예, 쥐와 새를 잡으려고 왔습니다."

내가 그렇게 말하니까,

"아니, 육지에서 울릉도까지 쥐와 새를 잡으러 와요?"
하고는 나를 더 이상한 눈으로 보더라고.

"저는 사냥꾼이 아닙니다. 동물을 연구하는 사람입니다. 실은 울릉도에 있는 쥐가 울릉도 특산 쥐라고 우기는 일본 학자가 있어서요. 그 사실을 밝혀내려고 온 것입니다."

아, 그렇게 말하니까 경찰들의 태도가 싹 달라지는 거야.

"어이구, 그러십니까? 잘은 모르지만 일본 사람들은 매사에 트집을 잡고 억지를 쓰니까 철저히 조사해서 코를 납작하게 만들어 주십시오. 저희가 도와 드릴 일이 있으면 말씀하시고요."

덕분에 나는 이십 일 동안 편안하게 조사할 수 있었지.

그곳에서 나는 흑비둘기 다섯 마리를 잡았단다. 흑비둘기는 워낙 귀해서 요즘은 천연기념물로 지정된 새란다. 비둘기와 비슷하게 생겼지만, 부리는 검은빛을 띤 청록색이고, 다리는 붉은빛이야. 그때에는 울릉도에만 사는 줄 알았는데, 나중에 조사해 보니 우리 나라 곳곳에서 살고 있더라고. 주로 섬 지방에서 살아.

흑비둘기가 우리 나라 텃새라는 사실도 그때 알았단다.

하지만 긴꼬리집쥐에 대해 알아낸 게 더 큰 성과였어. 막상 긴꼬리집쥐를 잡아 놓고 보니 아주 흔해빠진 쥐더란 말이야. 그러니까 일본 교수가 잘못 안 것이지. 우리 나라 어디에서나 볼 수 있는 쥐였거든.

그 사실을 일본에 있는 다른 학자에게 알려 주었더니 나를 격려해 주더구나.

"아, 그렇습니까? 실은 나도 긴꼬리집쥐가 울릉도에만 산다는 것을 이상하게 생각했습니다. 당신이 이렇게 엄청난 연구를 해낼지 몰랐습니다. 앞으로도 열심히 하십시오."

나는 울릉도 동물에 대한 연구 논문도 썼어.

특히 새에 대한 글은 말이야, 적어도 남한에는 그런 글을 쓰는 사람이 없었으니까 나는 늘 답답할 수밖에 없었어. 그래도 나는 날마다 새를 관찰하고 채집하고, 글을 썼단다. 아침에 일어나면 새그물을 치고, 총으로 새를 잡는 일

로 하루를 시작했어. 그때만 해도 홍릉 임업 시험장에는 새들이 아주 많았거든.

나는 거의 날마다 새를 잡았단다. 종류도 다양했어. 잡은 새는 박제를 해서 표본을 만들고, 조사한 자료는 기록을 해 두는 거야. 그렇게 나는 하루 내내 새 연구를 하는 데 시간을 보냈어.

하지만 일을 하면 할수록 아버지에 대한 그리움은 커지기만 했지. 아버지와 함께 새를 잡고 연구를 했다면 훨씬 많은 성과를 올렸을 거야.

'아, 새가 되어 날아갈 수만 있다면……'

나는 새를 볼 때마다 이렇게 중얼거렸단다.

 ## 아버지를 생각나게 하는 쇠찌르레기

    새를 연구하는 일이란 황무지에서 농사를 짓는 것만큼이나 힘들었어. 그러나 생각지도 않게 나를 도와주신 분들도 많았어. 그분들 덕분에 나는 힘든 생활을 이겨 낼 수 있었단다. 나는 아주 운이 좋았는지도 몰라. 그런 분들이 없었다면 오늘날의 나도 없었겠지.

    다시 이야기를 임업 시험장으로 돌려 보자.

    아무튼 나는 임업 시험장에서 의욕 넘치게 일을 하였단

다. 곳곳에다 새집을 만들어 주기도 했어. 내가 잡은 새보다 더 많은 새들이 찾아들게 했으니까. 새의 특성을 잘 알면 충분히 둥지를 만들어 줄 수 있지. 무턱대고 둥지를 만들어 봤자 소용없어. 우선 어느 한 가지 새를 생각하고, 그 새가 좋아하는 환경과 둥지를 만들어 주어야 하거든.

이렇게 홍릉 임업 시험장에서 새들과 함께 지내던 어느 날, 북방쇠찌르레기를 만났어. 그때 나는 얼마나 기뻤는지 몰라.

그때가 아마 1956년 여름이었을 거야. 나는 날아가는 새만 봐도 무슨 새인지 금방 알 수 있었지.

"아, 저 녀석은 박새구나."

"아, 저 녀석은 여름 철새인 칡때까치구나."

그런데 어디서 많이 본 듯한 새가 날아가더니 나뭇가지에 앉더라고.

'가만 있자, 저 녀석은……. 아니, 저 녀석은 북방쇠찌르레기잖아!'

언뜻 떠오르지 않다가 하얀 뱃가죽을 보니, 틀림없는 북

방쇠찌르레기야. 아버지와 내가 북한에서 본 새였어. 그 새를 보고서 아버지와 나는 얼마나 기뻐했는지 몰라. 아버지는 그 새가 북한에서 살고 있다고 국제 조류학회에 보고하였고, 그 덕분에 아버지는 신문에도 나왔지. 그 새 때문에 아버지는 이름이 널리 알려진 거야.

그 새는 평안도나 함경도에만 살 뿐 남한에서는 살지 않는다고 알려졌거든. 누구나 그렇게 생각했어. 북에 계신 아버지나 일본 학자들도 마찬가지였지. 그런데 그 새를 남한에서도 보게 된 거야.

그 새를 보자마자 괜히 눈시울이 뜨거워지더구나. 북방쇠찌르레기를 보면 이상하게도 아버지 생각이 많이 나. 나를 임업 시험장에 취직시켜 준 아버지의 친구 분을 극적으로 만났을 때보다 더 기뻐서 눈물이 쏟아졌어.

나는 흥분된 마음을 가라앉히고 따라갔단다. 정말이지, 북방쇠찌르레기가 둥지에서 알을 품고 있더라고.

'아, 둥지를 가지고 있구나. 그렇다면 남한에서도 번식을 하겠구나.'

그 순간 더 눈물이 나더구나. 왜냐고? 히히 녀석들도……. 북방쇠찌르레기가 북한에서 산다는 사실을 밝혀 낸 사람이 아버지야. 하지만 남한에서도 산다는 사실을 밝혀낸 사람은 나였거든.

그러니까 두 사람이 새 하나를 두고 두 번씩이나 세계를 놀라게 한 셈이야. 한 번은 아버지였고, 또 한 번은 자식인 나였단 말이야. 왠지 그 새가 내 마음을 아는 것만 같았어. 그때부터 나는 북방쇠찌르레기를 남달리 좋아했지. 아침에 일어나서 그 새를 보면 괜히 기분이 좋아졌어. 고향 생각으로 우울해질 때도 그 새를 보면 기분이 좋아지더구나.

어쨌든 내가 그 사실을 국제 조류학회에 보고하자,

"오, 정말 남한에도 쇠찌르레기가 산단 말입니까? 그것은 정말 대단한 발견입니다."

하고 세계의 여러 나라 학자들이 놀랐단다.

그 사실을 직접 확인하려고 찾아오는 학자들도 생겼을 정도야.

지금 생각해 봐도 믿어지지 않아. 새 한 마리가 아버지와 자식을 세계적인 학자로 만들었다는 게 말이야. 물론 부방쇠찌르레기가 남한에도 산다는 사실을 알아낸 것이 그렇게 중요하냐고 묻는 사람도 있겠지. 하지만 새를 연구하는 학자들에게는 아주 중요해. 당시 학자들은 북방쇠찌르레기가 남한에서는 절대로 살지 않는다고 믿었거든. 그러니까 놀랄 만한 일이었던 거야.

아버지가 북한에서 북방쇠찌르레기를 처음 보았을 때도 마찬가지였어. 그때만 해도 북방쇠찌르레기는 한반도를 그냥 지나쳐 가는 새로 알았으니까.

그때부터 외국 학자들은 나를 자기들 나라로 초청했어. 하지만 어디 갈 수가 있어야지. 일단 외국에 나가려면 돈이 있어야 하거든. 더구나 나는 그 무렵 결혼을 한 처지였는데 아내에게 가져다줄 돈도 너너하지 않았단 말이야. 지금이야 살 만하지만 그 당시는 참 어려웠던 시절이야.

얼마나 어려웠냐면,

"여보, 이제 논문을 끝냈소. 이 논문을 일본 홋카이도 대학으로 보내면 박사가 되는 것이오."

나는 논문을 다 써 놓고 좋아라하는데, 가만 보니 아내의 표정이 어두워. 왜 그러는가 했더니, 그 논문을 일본으로 보낼 돈이 없었던 거야. 요즘에야 돈이 흔해서 아이들도 십 원이나 백 원짜리는 길에서 보아도 잘 줍질 않지만 그

때는 일 원 십 원도 귀했어.

결국 아내의 결혼반지를 팔아서 돈을 마련했단다.

"여보, 결혼반지를 팔았으면 하는데……."

내가 이렇게 말하니까 처음에는 아내가 펄쩍 뛰었지.

"아니, 어떻게 결혼반지를 팔 생각을 할 수가 있어요?"

하더군. 하지만 내가 간곡하게 말하자,

"어쩔 수 없지요. 이까짓 반지가 중요합니까?"

하면서 반지를 빼 주더구나. 그때를 생각하면 아내한테 늘 미안해.

 ## 새 가락지를 달아 주자

 애들아, 새를 연구하는 일이란 혼자서는 불가능하단다. 혼자서 하는 연구에는 한계가 있거든. 왜 그럴 것 같니?
 "여러 사람이 함께 연구하는 것이 혼자 하는 것보다 더 나으니까요."
 "그때 우리 나라에는 새에 대한 책이 없었으니까요."
 허허허, 물론 그런 까닭도 있겠지. 하지만 더 큰 까닭은 다른 데 있어.

생각해 보렴. 새는 다른 동물보다 움직임이 많거든. 아무리 넓은 땅에서 살아가는 큰 짐승일지라도 새만큼 멀리 이동하지는 않아. 새는 주로 계절에 따라 이동을 하지. 물론 우리 나라에서 1년 내내 사는 새들이라면 사정이 다르겠지만 말이야.

대부분의 새들은 철새란다. 우리 나라에서 번식을 하고 가을에 날아가는 새도 있고, 북쪽에서 남쪽으로 이동하다가 잠시 쉬어 가는 새도 있어. 그러니까 새는 우리 나라에서 살던 모습과 다른 나라에서 살던 모습까지 함께 연구해야 하는데 그렇게 하기가 힘들지. 또 새들이 어떻게, 어디로 이동하는지도 모르고.

세계의 조류학자들은 이런 문제를 풀어 보려고 모여서 회의를 했어. 그래서 가락지라는 것을 만들어서 새의 다리에다 끼워 주기로 했단다. 사람들이 손가락에다 끼우는 가락지와 비슷해.

가락지에는 저마다 고유한 표지가 있거든. 그러니 어느 나라에서, 누가, 언제 보냈는지 알 수 있단다.

　예를 들어 보자. 우리 나라에서 새를 잡은 다음 가락지를 끼워서 날려 보냈다고 하자. 그러면 이 새가 세계 어딘가로든 날아갈 게 아냐? 그러면 그 새를 잡은 나라에서 곧바로 가락지에 적혀 있는 나라와 사서함 번호대로 연락을 보내게 되어 있어. 결국 그 보고서는 우리 나라에 금방 오게 돼. 그러면 우리 나라 학지들은 세기 이동해 긴 길을 알 수 있단다.
　바다에 사는 물고기를 연구하는 데에도 이런 방법을 쓰고 있어.

만약에 연어가 어떻게 어디로 움직이는지 알려면, 어미 연어를 잡아 지느러미에다 가락지를 끼워서 풀어 줘. 그러면 어미 연어가 태평양을 헤쳐서 우리 나라나 일본으로 가지. 아니면 미국이나 캐나다로 갈 수도 있고. 그렇게 해서 돌아온 연어의 지느러미에 붙은 가락지로 연어가 다니는 길을 알아내는 거야.

물론 표지 방법에는 여러 가지가 있어. 플라스틱 가락지를 달거나 깃털에 페인트로 표시하는 방법도 있지만, 알루미늄 가락지를 가장 많이 쓰지. 알루미늄 가락지는 아주 오래도록 쓸 수 있거든. 보통 6~7년 정도는 쓸 수 있지.

가락지는 새의 발목에 맞춰 만들어진단다. 새들이 움직이는 데 불편함이 없어야 해. 더구나 먼 길을 날아다니는 새가 가락지 때문에 불편하게 되면 곤란하니까. 그러니까 될 수 있는 한 가볍게 만들어야 해.

세계 여러 나라에서는 1903년부터 가락지를 달아 주기 시작했어. 오늘날에는 해마다 마흔세 나라에서 자그마치 530만 마리 이상에 이르는 들새에게 가락지를 달아 날려 보내고 있단다.

1962년 어느 날엔가, 미국 정부 관리가 만나자고 한 적이 있었어.

"선생님과 긴밀히 의논할 일이 있어서 만나 뵙자고 한 것입니다. 우리 미국은 앞으로 10년 간 세계의 철새 이동에 관한 연구를 하려고 합니다. 그런데 여기에 한국을 넣어야 할지 말아야 할지 몰라서요."

그 말을 듣자 은근히 서운해지는 거야. 우리 나라야말로 세계에서 보기 드물 만큼 많은 새가 지나가는 곳이거든. 열대 지방과 한대 지방의 가운데에 있고, 대륙과 바다가 만나는 곳이니까.

"철새 이동에 대한 연구를 할 때 한국을 뺀다면 의미가 없을 것입니다. 한국은 북한이나 중국, 중국 동북 지방, 몽고, 러시아, 북극 주변에서 남쪽으로 가는 모든 철새들이 지나가는 곳입니다. 그러니까 당연히 한국을 넣어야지요."

그랬더니 미국 관리가 고개를 끄덕거리더구나.

결국 미국 정부는 나한테 많은 돈과 장비를 지원해 주었단다.

나는 1963년부터 철새들의 이동에 대한 연구를 시작했지. 주로 새를 잡아서 발에다 가락지를 달아 주는 일이었어. 돈도 많이 들고 힘든 일이었지. 많은 새를 죽이지 않고 산 채로 잡아야 했거든. 땅에서 사는 동물도 산 채로 잡기

힘든데, 하물며 하늘을 날아다니는 새는 오죽했겠니?

처음에는 수천, 수만 마리의 들새를 어떻게 잡아야 할지 막막하더구나. 하루 내내 숲속에다 그물을 쳐 놓아도 잡히지 않았으니까. 어렸을 때 고향에서 잡던 방식으로 그물을 쳐 보았자 겨우 몇 마리 걸려들 뿐이었어.

생각다 못해 어떤 밀렵꾼을 고용했단다. 그 사람은 스무 살 정도 돼 보였어. 나이는 어리지만 새를 전문으로 잡는 사람이었지. 나는 그 사람에게서 새 잡는 방법을 배웠어.

9월 하순부터 10월 초순까지 서울 근교 조밭에는 백만 마리의 멧새들이 모여든다는 사실도 그 사람을 통해서 알아낸 거야. 우리는 조밭 한가운데에다 그물을 쳐 놓고는 양쪽에서 새를 몰아서 잡았단다.

그런 방식으로 하루에 천 마리 이상 잡았어. 그 청년과 함께 잡은 멧새는 다 합쳐서 5만 마리도 넘었어. 겨울에는 논에다 지푸라기와 새장을 놓고, 먹이로 새를 유인해서 잡았단다.

다른 방법도 있어. 주로 제비를 연구할 때 쓰는 방법이야. 농촌으로 돌아다니면서 제비들에게 가락지를 달아 주고는, 그다음 해에 찾아가서,

"작년에 가락지를 달아 준 제비가 돌아왔습니까?"
하고 물어서 제비들을 연구하는 거지.

1962년 가을에는 미국까지 가서 철새를 잡아 가락지를 달아 주었단다. 그런데 그 지역 사람들이 앞 다투어 내 일을 도와주고 돈까지 보태 주더군. 사실 새에게 가락지를 달아 주는 일은 이렇게 옆에서 도와주는 손길 없이는 불가

능해. 우리 나라에도 이런 사람들이 늘어났으면 좋겠구나.

그렇게 해서 7년 동안 잡은 134종, 20만 마리쯤 되는 새에게 가락지를 끼워 주었단다. 물론 그 안에는 북방쇠찌르레기도 들어 있었어.

그리고 날려 보낸 새를 확인하기 위해 외국을 우리 집 드나들듯이 했어. 미국 학자들은 중요한 국제회의 때마다 나를 초청해서 학문 성과를 알리게 해 주었어. 새를 연구하는 데 기초를 닦아 준 사람들이 일본 학자들이라면, 학문의 세계를 넓혀 준 사람들은 미국 학자들이었다고 봐야지.

"당신은 아무것도 없는 상태에서 시작하여 이만큼이나 이루어 놓았습니다. 정말 대단한 일을 해냈습니다."

미국 학자들이 나를 격려해 주면서 한 말이야. 해외에 나갈 때마다 모든 경비를 내 주면서, 새 연구에 몰두하게 해 준 사람들이기도 하지.

그렇게 새 가락지를 달아 주면서도,

'아버지는 아직 살아 계실까? 살아 계시다면 틀림없이 새를 연구하고 계실 텐데. 내가 가락지를 끼워서 날려 보낸 새를 아버지가 볼 수 있을까?

　이런 생각을 막연하게나마 하기도 했어. 아버지가 가락지를 매달아서 날려 보낸 새를 은근히 기다리기도 했고 말이야.

 ## 누구도 그들을 멸종할 권리는 없어

애들아, 이 세상에 있는 동물과 식물을 다 합치면 얼마나 되겠니?

10만 종? 20만 종?

아니야, 놀라겠지만 백오십만 종이 넘어. 아직 우리 눈에 띄지 않은 동·식물도 수십만 종이고. 그것에 견주면 사람은 아주 보잘것없는 존재야. 다만 사람은 동물이나 식물에 비추어 지능이 높아서 그들을 지배하고 있을 뿐이지. 어느 누구도 그들을 함부로 죽이고 멸종할 권리는 없어. 원래는 모두 다 함께 살도록 만들어진 거야. 그런데 사람들은 그 다양한 동·식물을 하나씩 하나씩 멸종하고 있지.

그 대표가 되는 종이 원앙사촌이란다.

어느 해 가을이었을 거야. 독일의 한 조류학자에게서 편지를 받은 적이 있어.

"……한국에서 겨울을 보내고 시베리아에서 번식하는 오리과의 원앙사촌에 관한 내용인데요. 원앙사촌의 종족 보존을 위해 번식을 시도해 보자는 뜻입니다……."

처음에는 얼른 납득하기 어려운 편지더구나.

왜냐하면 원앙사촌은 워낙 귀한 새였거든. 지금까지 표본도 세 점밖에 없었고 말이야. 그것도 1910년대에 잡힌 것이니 부질없는 일이란 생각이 들 수밖에.

그런데 말이야, 러시아 학자가 시베리아에서 원앙사촌을 보았다고 기록해 둔 보고서가 떠오르더구나. 결국 나는 시베리아를 몇 번이나 갔지만 원앙사촌을 찾을 수 없었어. 독일의 조류학자와 나는 현상금까지 걸어 놓고 원앙사촌을 찾았단다. 하지만 남한에다 수십만 장의 전단을 뿌려도 소용없더구나.

혹시 아버지가 계셨다면 원앙사촌을 찾았을지도 몰라.

찾아보지 못한 곳은 지구상에서 딱 한 곳뿐이야. 바로 북한이었지. 그러나 아버지가 계신 북한은 절대로 들어갈 수 없는 곳이었어. 새들은 자유롭게 날아가는데, 사람들은 갈 수가 없었지. 당시 공산 국가였던 소련이나 중국도 자유롭게 갈 수 있었는데…….

그때마다 세상을 자유롭게 날아다니는 새가 얼마나 부러웠는지 몰라. 왜 새들은 날아가는데, 사람들은 갈 수 없을까? 더구나 같은 민족인데 말이야. 휴전선을 바라보면 날아가지 못하는 내가 어찌나 바보스러웠던지 그냥 쓴웃음밖에 나오지 않더구나.

원앙사촌이 어느 곳에 사는지는 확실히 알 수 없어. 다만 시베리아에서 번식하고 한국과 일본으로 와서 겨울을 나는 것으로 짐작만 할 뿐이야. 1877년에 블라디보스토크에서 잡힌 암컷 원앙사촌이 지구상에 존재하는 첫 표본이야. 그

것은 지금 덴마크 코펜하겐 국립 박물관에 있단다.

우리 나라에서는 1913년쯤에 군산 금강 하구에서 수컷이 잡혔고, 1916년에 낙동강 하류에서 암컷이 잡혔지. 그렇지만 안타깝게도 그 표본은 지금 우리 나라에 없고 일본에 있단다.

아주 최근에 일본의 아마추어 조류 연구가들이 원앙사촌 한 쌍을 조각해서 우리 나라에 기증한 적이 있단다. 그 조각품은 지금 경희대 자연사 박물관에 진열되어 있지.

일본 사람들은 조각한 원앙사촌과 함께 사죄의 내용이 담긴 편지까지 보내 왔단다.

"과거 일본 통치 시대 때 귀국 국민들에게 많은 피해를 끼친 점에 대해 후손의 한 사람으로서 사과드리며 용서를 빕니다……."

이제는 표본만 남아 있는 원앙사촌이 한국과 일본 두 나라의 협력 관계를 말해 주고 있는 셈이야.

아무튼 전 세계를 통틀어도 몇 점의 표본밖에 없는 원앙사촌은 결국 사람들이 씨를 말려 버린 것이지.

요즘도 뉴스를 보면 인간 복제다 뭐다 하면서 마치 인간이 생명체를 만들기나 한 것처럼 말하더구나. 그러나 아무리 작은 생물이라도 인간이 함부로 만들 수는 없어. 생명체란 인간이 마음대로 만들 수 있는 것이 아니거든. 그래서 한번 멸종하면 인간의 힘으로는 살려 낼 수 없는 거야.

 ## 꼭 새끼와 함께 돌아오너라

참으로 안타깝던 순간도 많았단다.

한번은 이런 일이 있었어. 이른 봄날이었는데 급한 전화가 온 거야.

"여보세요, 원병오 선생님 좀 부탁합니다. 여기는 경기도 연천군청인데요. 농약에 중독된 큰 새 한 마리를 보호하고 있습니다. 응급 처치를 하지 않으면 곧 죽을 것 같습니다. 사람이 아니라 어떻게 할 수가 있어야지요. 그래서

선생님께 전화를 드리는 겁니다. 어떻게 하면 좋을까요?"

나는 대충 응급조치 방법을 알려 주었어.

"예, 잘하셨습니다. 우선 소금물을 먹일 수 있는 대로 먹이십시오. 동물이나 사람이나 다 마찬가지입니다. 사람도 농약에 중독되거나 농약을 마시고 자살을 기도하는 경우가 있는데, 그때는 우선 소금물이나 구정물을 먹여서 토해 내게 한답니다. 그다음에는 미꾸라지를 구해서 먹이십시오."

전화를 끊자마자 나는 서둘러 경기도 연천으로 갔단다.

군청에 가 보니 그 큰 새는 두루미였어.

"이렇게 귀한 새가 농약에 중독되다니……."

마음이 착잡해지더구나.

내가 일러 준 대로 응급조치를 해서인지 두루미의 상태는 생각보다 좋아 보였어. 그러나 안심할 수가 없었지. 농약에 중독된 새는 대부분 죽거든. 겉으로는 말짱해도 몸을 해부해 보면 심장이나 동맥이 터져 있을 때가 많거든. 나는 여러 차례 농약에 중독된 새를 해부해 봐서 잘 알아.

군수도 나와서 걱정스런 표정을 지었어.

"어떻게, 살 수 있겠습니까?"

"염려 덕분에 살 것도 같습니다. 이 새는 연구하는 사람들에게도 귀한 새가 아닙니까. 서울로 가져가서 살려 보겠습니다. 살리게 되면 꼭 연락을 드리겠습니다."

그러고는 두루미를 서울로 데려와서 정성껏 치료했더니 나아지더구나. 우리 집에는 이런 경우에 대비해서 쓰려고 마련해 둔 새집이 있었지.

두루미는 그 새집에서 한 달 넘게 치료를 받았어. 아침마다 큰 대야에다 깨끗한 물을 갈아 넣어 주는 것부터 해서 그야말로 정성을 다했지. 새를 병간호한다는 건 사람을 병간호하는 것보다 더 힘들었어. 그럴 수밖에 없었지. 새는 사람과 다른 종이고, 서로 말도 통하지 않았으니까. 게다가 그 새는 사람에게 잡힌 몸이니까 어려움이 더했지.

더 곤란했던 점은 새집 안에 들어가서 오물을 치우거나 주사를 놓을 때야. 두루미의 성질이 사나워서 말이야. 두루미는 몸이 아프고 갇혀 있으니까 본능으로 사나워진 거야. 두루미가 성질을 낼 때는 목에서 머리끝까지 깃털이 곤두서지. 그러고는 '훅훅' 하는 소리를 내.

아무튼 나는 그 두루미를 살려 내는 데 성공했어.

그 무렵, 미국에 있는 국제 두루미 재단에서 우리 정부에 긴급한 요청을 해 왔어.

"창경궁에서 사육 중인 두루미 세 마리 가운데 한 쌍을 빌려 주십시오."

하고 말이야.

국제 두루미 재단에서는 다섯 가지 목표로 일을 하고 있었지.

첫째, 두루미 생존을 위한 기초 연구.
둘째, 자연 서식지를 보존하는 노력.
셋째, 멸종 위기에 놓인 두루미의 종족 유지를 위한 인공 번식.
넷째, 인공 번식한 두루미를 자연으로 돌려보내기.

다섯째, 두루미 보호에 대한 계몽과 교육.

그러니까 우리 나라에 빌려 달라고 한 것은 인공 번식을 하기 위해서야.

하지만 창경궁 쪽에서는,

"좀 곤란합니다. 우리 나라에도 겨우 세 마리밖에 없는데요. 게다가 두루미는 인공 번식이 힘든 새입니다."
하고 말하니, 내 처지가 어색해지더라고.

사실 두루미의 인공 수정은 성공할 가능성이 아주 적단다. 그러니까 희귀한 새지, 뭐. 번식이 쉬우면 귀한 새가 아니잖아.

미국에서 학자들이 여러 번 찾아왔지만, 창경궁 쪽에서는 두루미를 빌려 주지 않았어. 결국 나는 궁리를 하다가 내가 치료해서 기르고 있던 두루미를 보내기로 했지. 오래 살지는 못할지라도 자손을 남기게 되었으면 하는 바람이었거든.

"꼭 새끼와 함께 돌아오너라."

결국 나는 그 두루미를 떠나보냈단다.

그러나 20년이 흘렀지만 그 두루미는 아직까지도 새끼를 배지 못한 채 미국에서 살고 있어. 한번 농약에 중독되면 살아나도 후유증에 시달리게 되는 법이니까.

애들아, 지금 그 두루미는 고국 땅을 그리워하고 있을까? 아니면 원망하고 있을까?

 **몸에 좋다면 무엇이든 잡아먹어**

부끄럽지만, 어쩔 수 없이 이 이야기도 해야겠구나.

어느 해 가을, 늦은 밤이었단다. 전화벨이 울리기에 무심코 받았더니,

"그래, 당신이 자연보호 한다는 원 교수요? 교수면 학생들 가르치는 일이나 할 것이지 왜 남의 장사를 망치는 거요? 앞으로 조심하지 않으면 재미없을 줄 아시오. 다시는 자연보호니 뭐니 하는 말을 떠벌리고 다니지 마시오."

그런 무례한 전화가 걸려 온 거야.

나는 화가 났지만 꾹 참으면서,

"당신이 누군지는 모르지만 할 이야기가 있으면 만나서 옳고 그름을 가려 가며 이야기합시다. 아니, 밤중에 이게 무슨 짓입니까?"

그러자 더 대답하지 않고 전화를 끊더구나.

순간, 마음에 짚히는 게 있었어. 그 동안 내가 자연보호와 야생 동물 보호를 위한 캠페인을 벌였는데, 그것 때문에 야생 동물로 장사를 하는 사람들이 피해를 보았겠지. 야생 동물을 잡아서 고기를 팔거나 박제를 해서 파는 사람들 말이야. 그때나 지금이나 그런 사람들은 있게 마련이거든. 왜냐하면 야생 동물 고기를 사 먹고, 야생 동물의 박제품을 갖고 싶어하는 사람들이 있기 때문이었지.

야생 동물은 은밀하게 거래된단다. 법으로 금지되어 있었지만 그 법이란 게 있으나마나 했어. 거의 단속을 하지 않으니까.

대부분 밀렵꾼들이 잡아서 파는데, 닥치는 대로 잡아. 그

사람들은 천연기념물도 안 가려. 천연기념물이면 더 값어치가 나가니까. 참으로 안타까운 현실이야.

나는 필리핀, 태국, 말레이시아, 대만 들과 같은 동남아 국가들과 일본, 유럽, 미국을 비롯한 선진국의 자연보호 상황을 눈여겨 살펴보았지. 그렇지만 우리 나라처럼 밀렵이 심한 나라는 찾아볼 수 없었어. 두더지, 고슴도치, 박쥐, 올빼미, 부엉이, 뜸부기, 개구리, 뱀, 불개미……. 좌우지간 몸에 좋다고만 하면 무엇이든지 잡아먹었거든.

요즘은 잘 알려진 스포츠 선수들이 드러내놓고,

"저는 다달이 뱀탕을 먹습니다."

라고 말하더구나.

한심한 노릇이야. 돈 있는 사람과 사회 지도층 인사일수록 더 은밀하게 야생 동물을 잡아먹는다니까. 국민소득 만 불 시대라지만 우리 나라의 자연보호 상태는 후진국 수준이란다.

언젠가 경기도 가평에서는 이런 일이 있었어.

올빼미가 동네 고목나무 속에다 새끼를 쳤다기에 찾아갔

더니, 치음 얘기 들었던 것과는 달라. 새끼가 모자라더란 말이야. 그래서 아이들에게 물어봤더니 동네 아이 하나가 꺼내 갔다는 거야.

나는 그 아이 집을 찾아갔어. 그 아이는 학교에 가고 없고, 서울에서 대학을 나왔다는 누나와 어머니가 있더라고. 올빼미 새끼는 광주리 속에서 죽어 있고 말이야. 어찌나 속이 상하던지, 아이의 누나와 어머니를 꾸짖고 돌아서는데 발길이 무겁더구나.

자연보호라고 하면, 흔히 야생 동물 보호만 떠올려. 그러나 식물이나 자연 경관도 빼놓을 수가 없어. 단순히 우리의 자연과 생물을 아끼고 보호하는 일 말고도 하루 빨리 우리 땅에 맞는 식물을 개발하는 한편, 중요한 곳곳마다 자연보호 지구를 설정하는 노력도 해야 해.

 ## 따오기는 다 어디로 갔을까

애들아, 우리는 너무 많은 것을 잃어버렸어.

선진국 문턱에 와 있다고 하지만 마구 개발을 하다 보니 잃어버린 것이 너무 많아. 하지만 지금도 늦지 않았단다. 너희가 즐겨 부르는 노래로나 듣는 따오기 소리도 다시 들을 수 있어야겠지. 그러려면 우리 모두의 노력이 필요해.

기왕 말이 나왔으니까 따오기 이야기도 해야겠구나.

"보일 듯이 보일 듯이 보이지 않는……."

'따오기' 라는 동요는 나도 잘 부르는 노래란다. 지금도 가끔 부르지.

얼마 전에 여든이 넘은 교수님에게,

"따오기를 보셨거나 우는 소리를 들은 적이 있습니까?" 했더니,

"어렸을 때 평양 근처에선가 따오기 우는 소리를 들었지요."

하시더구나.

1966년도에는 무안 근처에서 따오기가 나타났다고 하기에 가 보았더니 엉뚱한 새였어. 가끔 그렇게 따오기를 보았다는 연락이 온단다. 그러나 확인해 보면 따오기가 아냐. 요즘은 따오기가 거의 사라진 상태지. 내가 어렸을 때만 해도 흔한 새였는데 말이야. 많은 외국 학자들이 우리 나라에서 따오기를 잡았다고 하더구나.

따오기는 논이나 늪에서 생활하지만 쉬거나 잠자는 곳은 나뭇가지지. 그러니까 산림이 파괴되면 피해를 보는 새란다. 보통 10월 하순쯤 우리 나라에 와서 3월 중순까지 머

물다 가는 철새야.

나는 1966년에 판문점 근처에서 따오기 한 마리를 보았어. 또 1979년에도 비슷한 곳에서 따오기를 보았단다. 그러나 그 뒤로는 우리 나라 땅 어디에서도 따오기를 보지 못했어.

따오기가 사라지게 된 가장 큰 원인은 밀렵 때문이야. 그 때는 지금처럼 농약을 많이 뿌리지 않았으니까. 우리 눈에는 띄지 않지만 밀렵꾼들은 따오기를 귀신같이 찾아내거든. 실제로 밀렵되어서 박제된 따오기들이 지금도 은밀하게 거래되고 있지.

일본에서는 따오기 서너 마리를 동물원에서 보호하고 있었지만 지금은 우리 나라와 마찬가지로 한 마리도 없어. 오늘날 따오기는 중국 섬서성 양현군에 있는 숲에 서른한 마리가 살아남아 있을 뿐이란다.

애들아, 이 땅의 따오기들은 다 어디로 갔을까?

 **수리부엉이 새끼는 이미 팔렸습니다**

이번에는 너희가 무서워하는 새 이야기 하나 할까?

옛날에는 밤에 올빼미를 보면,

"올빼미가 아이들 눈을 파먹는단다."

하는 말씀을 어른들이 하셨지. 그래서 아이들은 올빼미를 무서워했단다. 물론 올빼미는 아이들 눈을 파먹지 않아. 어떻게 해서 그런 오해가 생겼는지는 모르겠어.

어쨌든 동양이나 서양에서도 올빼미나 부엉이를 불길한

새라고 생각했어. 우선 생김새가 무섭거든. 날카로운 부리와 무서운 발톱, 그리고 상대방을 노려보는 눈은 아주 위협적이란다. 게다가 한밤중에 내는 울음소리는 우리를 아주 무섭게 하거든. 그러나 한편으로는 부엉이를 '숲속의 철학자'라고 하기도 해.

우리 나라에 사는 올빼미과 가운데 가장 큰 새는 수리부엉이란다. 수리부엉이는 워낙 사람 눈에 띄지 않으니까 연구하기가 아주 힘들어. 깃털조차 바위나 나무껍질 색깔하고 거의 비슷하거든.

하지만 수리부엉이도 밀렵꾼들이 아주 좋아하는 사냥감이지. 우선, 박제를 하면 아주 비싸게 팔린단다. 그리고 고기는 한약재로 팔리기도 해. 몸에 아주 좋다고 소문이 났거든. 그러니까 돈 많은 사람들이 서로 먹으려고 하는 거야. 일반적으로 육식을 하는 독수리, 솔개, 매 같은 맹금류나 올빼미·부엉이류는 고기가 질기고 맛이 없지. 그래도 몸에 좋다니까 먹는 거야.

어느 해 봄날이었는데, 외국인이 밀렵꾼에게 붙잡힌 수

리부엉이 새끼를 구해 달라고 산림청에 전화를 해 왔어. 들어 보렴, 얼마나 부끄러운 이야기인지 말이야.

"아니, 구체적으로 이야기를 해 주십시오."

산림청 직원이 답답한 듯 자세히 물어보았어.

"예에, 태어난 지 한 달 정도 되어 보였습니다. 솜깃털이 있는 새끼 두 마린데요, 경상북도 상주에서 보았습니다. 그 밀렵꾼들이 하는 말을 들어 보니 서울로 가져가는 길이랍니다."

그 외국인은 다급하게 대답을 했단다.

"아니, 그럼 이미 팔렸단 말입니까?"

"아마 그런 것 같습니다. 제가 사려고 했지만, 워낙 비싸게 불러서 살 수가 없었습니다. 빨리 어떻게 손을 써 주십시오. 안타까워서 그럽니다. 전문가가 아닌 제가 봐도 아주 희귀한 새 같았습니다."

그 외국인은 독일 대사관에서 일하는 직원이었어. 우연히 밀렵꾼들을 만난 그 외국인은 수리부엉이 새끼를 구하려고 했던 거야.

산림청에서 나한테 급하게 연락이 왔어. 나는 하던 일을 놓고 경상북도 상주로 내려가서 밀렵꾼들을 만났지.
"죄송합니다. 수리부엉이 새끼는 이미 팔렸습니다."
하는 거야. 밀렵꾼들은 아무 죄책감도 없더구나. 나는 그 외국인 앞에서 얼굴을 들 수가 없었어.

수리부엉이는 뱀이나 개구리, 쥐, 토끼, 꿩 같은 동물을 잡아먹는단다. 노루 새끼도 잡아먹어. 그만큼 힘이 세. 사람이 아니고는 수리부엉이를 죽일 수 있는 동물은 없단다. 그러니까 인간들 때문에 멸종되어 가는 새지.

물론 이 수리부엉이도 천연기념물로 지정되었지만, 그래 봤자 뭐 해. 천연기념물로 지정한 의미를 알고 적극 보호를 해 주어야 할 텐데. 그러지 않으면 쓸모가 없지.

천연기념물이란 우리의 자연 문화재라는 뜻이란다. 그런데 우리는 어떤 새가 천연기념물인지도 몰라. 참 안타까워…….

 **시베리아 젊은 신랑과 결혼한 황새**

밀렵에 대한 이야기를 한 가지 더 해 줄까?

허가받은 사냥이라 하더라도 문제가 있단다. 아예 사냥을 못 하게 해야 하고, 어쩔 수 없이 사냥을 허락하면 엄격히 규칙을 지켜야 해. 잡아도 될 것들과 잡지 말아야 할 것들을 구분해야 하는 거야.

하지만 대부분의 사람들은 그걸 지키지 않아. 몰래 사냥하는 밀렵꾼들은 더 잔인하단다. 숨이 붙어 있는 야생 동

물의 피를 빨대로 빨아 먹기도 하니까.

1971년 봄이었을 거야.

충청북도 음성군 생극면 어느 마을에서 있었던 일이야. 그 마을 소나무 위 묵은 둥지에 한 쌍의 황새 부부가 알을 네 개나 품고 있다는 사실이 신문에 났어. 그런데 겨우 며칠도 지나지 않아서 밀렵꾼이 나타나 수컷을 쏘아 죽여 버렸단다. 수컷을 잃은 암컷은 몹시 불안해졌어. 결국은 알도 무정란이 되고 말았지. 알이 부화하기를 바란 많은 사람들의 기대가 물거품이 된 거야.

졸지에 과부가 된 암컷은 외로움을 달래며 살았지. 수컷이 없으니까 알을 낳아 봤자 부화를 할 수가 없어. 그대로 두어도 새끼는 태어나지 못했을 거야. 그 암컷은 1980년대까지 그 둥지를 떠나지 않고 주위를 맴돌았거든. 죽은 수컷을 못 잊었던 거야.

애들아, 믿기지 않지?

하지만 사실이야. 그 소식을 들은 사람들 마음은 무척 아팠단다.

황새는 러시아와 중국, 일본 그리고 우리 나라에서만 살아왔지. 그러나 살아남은 황새는 러시아와 중국에 있는 2500마리 정도밖에 되지 않아.

우리 나라에서는 아주 흔한 새였어. 그러니까 우리 조상님들의 그림에도 자주 나오지 않았겠니?

해방 전만 해도 흔한 새였어. 우리 나라 사람들은 황새를 복을 가져다주는 새라고 하여 잡지 않았거든. 유럽 황새는 행복을 가져다주는 새로 알려져 있기도 해. 황새가 오면 아기를 낳는다는 전설이 있는 나라도 있단다.

1983년에 그 과부 황새는 서울대공원으로 옮겨졌어.

또, 1987년 12월쯤이었을 거야.

낙동강 을숙도에 사는 주민들이 연락을 해 왔어. 밀렵꾼의 총에 맞아 신음하던 황새를 구출했는데 어떻게 하면 좋을지 하고 말이야. 결국 그 새는 서울대공원으로 옮겨서 치료를 받았단다. 옛날보다 동물을 치료하는 수의학도 발전을 했기 때문에 그 새를 살려 낼 수 있었어. 그 황새는 운이 좋았던 거야. 밀렵꾼의 총을 맞고도 살아났으니까.

그런데 밀렵꾼들이 왜 황새를 잡느냐고?

황새 고기도 먹느냐고?

물론 황새 고기를 먹는 사람도 있어. 하지만 황새는 고기를 먹기보다 박제를 하려고 잡지. 황새는 아주 귀한 새고, 그 모습도 아름답거든. 그래서 사람들은 자기 집 거실이나 사무실에 박제한 황새를 놓고 싶어해. 대자연 속에서 사는 황새보다 자기들 집에서 죽어 있는 황새가 더 아름답다고 여긴 거야.

그렇게 박제된 황새는 아주 비싼데도 없어서 못 팔 정도야. 그러니까 돈 없는 사람들은 엄두도 못 내. 비싸게 팔리니까 밀렵꾼들이 황새를 잡지.

좌우지간 우리는 과부 황새와 시베리아 황새를 짝지어 주기로 했단다. 어차피 서로 외로운 처지였으니까. 다만 나이 차이가 난다뿐이었지. 하지만 성질이 급해 곧잘 싸우는 황새들이 알을 낳아서 새끼를 깔 수 있을지 장담할 수는 없었어. 게다가 그 과부 황새는 자그마치 서른 살이 넘었거든.

"우와, 황새가 그렇게 오래 살아요?"

"서른 살이면 우리 삼촌보다 많네."

녀석들도 참…….

황새는 40년을 넘게 산다는 이야기가 있단다. 아주 오래 사는 새야.

실제로 유럽 동물원에서는 여든일곱이나 된 검은목두루미 암컷이 알을 낳아 새끼를 깐 적도 있었으니까. 쉰 살 정도 된 두루미가 새끼를 깐 것은 드물지만 더러 있는 일이야. 그러나 젊은 황새처럼 성공률이 높지는 않았어. 그러니까 과부 황새와 시베리아 황새 부부가 알을 낳아 새끼까기를 우리 모두 간절히 바라는 거지.

 ## 철새가 알려 준 아버지 소식

　얘들아, 이제 처음에 들려주려고 했던 북방쇠찌르레기 이야기를 해야겠구나.

　너희가 맨 처음 물었던 이 북방쇠찌르레기를 왜 내가 가장 아끼는지 말이야. 나는 이 북방쇠찌르레기 표본만 보고 있으면 부모님이 떠올라. 적어도 나에게 이 새는 단순한 철새가 아니야.

　그때가 그러니까, 1965년 초여름이었지, 아마.

일본에 있는 국제 조류보호연맹 아시아 지부에서 보낸 편지 한 통을 받았어.

"원병오 선생님, 여름 철새인 북방쇠찌르레기에 일제 알루미늄 가락지를 달아서 보낸 사실이 있습니까? 그 가락지의 번호는 'JAPAN C7655'입니다."

나는 편지를 받자마자 그런 사실이 있다고 일본으로 답장을 했단다.

앞에서도 말했지만, 나는 20만 마리의 새를 잡아서 가락지를 달아 주었어. 그런데 말이야, 당시에는 우리 나라에 가락지가 없었단다. 그러니 어쩌겠어. 일본에서 가져다 써야지. 당연히 가락지에는 'JAPAN'이라는 글자가 있었지.

나는 북방쇠찌르레기도 잡아서 가락지를 달아 주었어. 서울에서도 북방쇠찌르레기가 번식한다는 사실을 내가 처음으로 학계에 보고했거든.

초여름에 태어난 북방쇠찌르레기의 새끼는 자라서 가을이 되면 남쪽으로 갔다가 이듬해 봄에 다시 찾아온단다. 그러니까 내가 가락지를 끼워 준 새끼들도 다시 서울로 돌아오지. 하지만 그 해에 어른 새로 성장한 새들은 시기가 태어난 곳을 정확하게 기억하지 못하고 더 올라가거나 다른 곳으로 갈 수도 있단다. 그것은 제비 새끼들도 마찬가지란다. 왜냐하면 어린 새들은 경험도 많지 않고 방향 판단도 더디거든. 하지만 새끼를 한두 번 길러 본 어미 새들은 전에 살던 곳을 정확하게 찾아와.

내가 답장을 보내고 얼마 뒤 일본에서 다시 편지가 오더구나.

"원 선생님, 이번에는 선생님의 이름을 한자로 알려 주십시오. 사실은 북한에서 활동하는 어떤 학자가 북방쇠찌르레기에 가락지를 달아 준 원 선생님을 찾고 있습니다. 그 사람의 말에 따르면, 1965년 초여름쯤 평양에서 북방쇠찌르레기를 잡았다고 합니다. 그 새의 다리에는 선생님이 달아 준 가락지가 달려 있었습니다. 표지 가락지로 보면 일본 학자들이 보낸 것이 틀림없으나, 북방쇠찌르레기는 일본에서 잡힌 일이 없기 때문에 이를 이상하게 여긴 북한 학자가 우리에게 사실을 알려 왔습니다. 그러니 빨리 연락해 주기 바랍니다."

대충 그런 내용의 편지였단다.

아, 그 편지를 읽는 동안 얼마나 가슴이 뛰었는지 몰라.

'북한에서 나를 찾는다면, 전쟁 중에 헤어진 아버지밖에 없지 않는가. 아버지 말고 누가 나를 찾는단 말인가. 틀림없이 아버지야.'

나는 흥분을 가라앉히며 북녘 하늘을 바라보았어.

내 이름을 문의해 온 북한의 학자는 바로 아버지였단다. 아버지는 북방쇠찌르레기의 가락지를 보고는,

"어, 이상하다. 일본에는 북방쇠찌르레기가 지나가지도 않는데."

하고 궁금증이 생겨서 국제 조류보호연맹에 바로 문의를 하셨대.

"그것은 일본에서 날려 보낸 것이 아니라, 한국에서 날려 보낸 새입니다."

아버지는 틀림없이 내가 보낸 것이라고 판단하신 거야.

'아, 아들이 서울에 살고 있구나.'

이렇게 확신하고는 국제 조류보호연맹에 내 이름을 물어보았어.

국제 조류보호연맹으로부터 편지를 받은 나 또한 가슴이 벅차올랐지.

'아, 아버지가 살아 계시구나. 틀림없이 아버지다. 아버지, 살아 계셨군요. 저 병옥입니다. 당장 찾아가서 뵙고 싶지

만, 이렇게 새가 전해 준 소식만 듣고 있습니다…….'

 이렇게 해서 아버지의 소식을 들었어. 새 때문에 아버지의 소식을 안 셈이었지. 내가 새를 연구하지 않았다면 아버지 소식은 영영 몰랐을 거야. 북방쇠찌르레기는 아버지와 나를 세계적인 학자로 만들어 주었고, 이번에는 남과 북을 오가는 우체부 노릇까지 했던 거야. 그러니 나한테는 아주 특별한 새란다.

 서울에서 태어난 북방쇠찌르레기 새끼에다 가락지를 달아 주었더니, 그 새는 이듬해 서울로 오지 않고 평양으로 날아간 거야. 그 새를 잡은 아버지는 가락지를 본 뒤 직감으로 나라는 사실을 안 거고. 아, 아버지가 얼마나 대견해 하셨을까?

 남과 북의 조류학자가 헤어진 지 15년 만에 새를 통해서 서로 소식을 알게 되었어. 그 이야기는 온 세계에 보도가 되었지.

 내가 가락지를 달아 준 새들 가운데는 러시아나 북한으로 날아간 새들이 많아. 한번은 '평양'이라는 글자가 새겨

진 사닥시를 날고 있는 제비가 서울에서 잡히기도 했어. 이런 사실은 모두 국제 조류보호연맹에 보고된단다.

그러면 국제 조류보호연맹에서는 가락지를 끼워서 새를 날려 보낸 나라로 연락을 해 줘. 그렇게 해서 새를 연구하거든.

 ## 해마다 봄이 오면

애들아, 해마다 봄이 오면 나는 철새들에게 가락지를 달아서 날려 보낸단다. 아버지도 돌아가실 때까지 내가 가락지를 달아 보낸 새를 찾아 헤매셨을 거야.

"음, 이건 내 아들 병오가 끼워 보낸 가락지구나. 그 녀석 얼굴이라도 한번 봤으면……."

아버지도 내가 보고 싶었겠지.

그런데 사람은 남북을 자유롭게 오갈 수가 없었어. 새

들은 자유롭게 날아가는데 말이야. 그런 사람들이 대자연을 파괴하고 지배하다니, 우습지 않니?

북쪽으로 날아간 새들은 더는 아버지 소식을 전해 주지 않더구나.

"원 선생님 아버지는 돌아가셨습니다……."

그 소식도 나중에서야 국제회의에 가서 들었단다.

그 순간 어찌나 눈물이 쏟아지던지.

"그래도 원 선생님은 행복한 사람입니다. 새 덕분에 부모님 소식이라도 들었잖아요? 지금도 부모님 소식을 몰라 제사상도 차리지 못하는 사람들이 얼마나 많은데요."

많은 사람들의 눈을 피해 화장실에서 눈물을 닦아 내는 나를 보고 평소 가깝게 지내던 외국의 조류학자가 말하더구나. 그래, 어쩌면 난 행복한 사람인지도 몰라. 새 때문에 아버지 소식이라도 알았으니까. 소식도 모른 채 살아가는 이산가족들을 생각하면 더욱 그렇지. 맞는 말이야.

어머니가 돌아가셨다는 이야기도 국제회의에 갔다가 들었어.

"안됐습니다. 아버님이 돌아가시고 3년 뒤에 어머님도 세상을 뜨셨습니다."

북한의 동물학자한테서 그 말을 들었어. 그때도 나는 애써 슬픔을 참아 내느라 혼났지.

"알려 주어서 고맙습니다. 우리는 언제나 새처럼 남과 북을 오갈 수 있을까요?"

내가 이렇게 말하자 북한의 동물학자도 더는 말을 하지 않더구나. 애들아, 어쨌든 새를 연구하지 않았더라면 부모님의 소식을 알 수 없었겠지.

아버지가 살아 계실 때 북한으로 여러 번 초청장을 보냈지만 그때마다 거절당했어.

"나이가 많으셔서 의사가 해외여행을 허락하지 않으니 양해 바랍니다."

이런 대답만 왔을 뿐이야.

애들아, 그래서 내가 북방쇠찌르레기를 아끼는 거란다. 이제 너희도 자연의 소중함을 생각해야 해. 그걸 깨닫지 못하면 우리 나라는 희망이 없어. 세계 모든 나라들이 자연을 살리려고 노력하고 있어. 잘사는 나라일수록 더욱 그렇단다.

지금은 우리가 마시는 물을 사고팔지만, 십여 년 전만 해도 이런 일은 상상도 못 했어. 물도 우리의 소중한 자연이야. 우리가 자연을 오염시키니까 이런 어려움을 겪는 것이란다.

얘들아, 이제 알겠지?

자아, 그럼 다음에 또 만나자꾸나.

새록새록 신나는 새 이야기

텃새
철에 따라 옮겨 다니지 않고 한 곳에서만 사는 새.

▲ **올빼미**
전장(부리 끝에서 꼬리 끝까지) 38센티미터. 둥근 얼굴에 귀깃이 없는 몹시 얼룩진 반점이 있는 황갈색 올빼미이다. 배는 연한 색이며, 세로 줄무늬가 있다. 눈은 검은색이다. 우- 우- 우- 우후후후 하고 운다. 산림과 인가 근처 숲에 산다. 이른 봄 나무 구멍에 알 세 개를 낳고 28～30일 동안 알을 품은 뒤 부화하면 4～5주 동안 새끼를 키운다. 주로 들쥐(등줄쥐)를 먹는다. 흔하지 않은 텃새이며, 중국 동북 지방에도 산다. 천연기념물 제324호.

◀ **수리부엉이**
전장 66～67센티미터. 드문 텃새이다. 우리 나라 부엉이 가운데 가장 큰 종이다. 귀깃이 뚜렷하다. 온 몸에는 짙은 갈색에 검은색 줄무늬가 있다. 눈은 붉은색이다. 고롯 흐- 고롯 흐- 고롯 흐- 하고 서너 번 반복하여 울며 경계할 때에는 키릿 키릿 키릿 소리를 낸다. 화가 나면 부리로 '딱 딱' 소리를 낸다. 암벽과 바위산에 살며, 바위틈이나 바위산의 비, 바람을 피할 수 있는 오목한 선반 모양으로 생긴 곳에 알을 2～3개 낳는다. 천연기념물 제324호. 유럽과 북부 아프리카, 중국과 한국 등지에 널리 산다.

▲소쩍새

전장 19센티미터. 유럽과 아시아 대륙의 온대와 열대에 사는 드문 텃새이다. 회색 형과 갈색 형이 있다. 암수 같은 색깔이다. 회갈색과 잿빛 갈색 바탕에 벌레 먹은 것 같은 얼룩 무늬가 있다. 적갈색 형은 배가 적갈색이며 머리 꼭대기와 등에는 검은색 줄무늬가 있다. 눈은 황색이다. 솟쩍 솟쩍, 또는 솟쩍다 솟쩍다 하고 울며, 암컷은 괏- 괏- 괏- 소리를 낸다. 시골, 농촌, 도시 공원의 숲에 산다. 나무 구멍에 흰 알 4~5개를 낳는다. 천연기념물 제324호로 곤충과 거미류를 먹는다.

◀금눈쇠올빼미

전장 21~23센티미터. 한반도 중부 이북의 농촌, 옛성터 큰 돌담, 공원 등지에 매우 드물게 사는 텃새이다. 수컷은 잿빛을 띤 황갈색의 등, 황갈색의 작은 얼룩 무늬가 있는 머리 꼭대기 등이 특징이다. 그 밖의 온 몸은 황갈색이다. 암컷은 수컷보다 얼굴에 갈색을 많이 띤다. 부리는 유황색이다. 프-후 프-후 소리를 낸다. 주로 야행성이다. 나무 구멍, 벼랑 틈, 사는 곳의 적당한 구멍 속에 알을 낳는다. 이른 봄 한 배에 3~7개의 흰 알을 낳는다. 땃쥐, 들쥐, 파충류, 개구리, 곤충류 등 동물성 먹이를 잡아먹는다.

▲ 곤줄박이
전장 14센티미터. 흔한 텃새이다. 머리는 크림색을 띤 흰색에 넓은 검은색 띠가 이마에서 눈 위와 목 옆까지에 이른다. 멱(턱밑)은 검은색, 등은 회색이고 어깨 사이는 밤색이다. 쓰쓰 삐이 삐이 하는 작은 소리를 낸다. 산림, 정원, 공원 등 어디서나 볼 수 있으며 나무 구멍과 인공 새집에 둥지를 틀며 흰색에 적갈색이 있는 알 5~8개를 낳는다. 아시아 동부, 중국 동북 지방, 일본과 한국에 산다.

◀ 꿩
전장 81~89센티미터. 한국, 중국, 아시아 동부 및 남부 등지에 사는 대표적 사냥새이다. 그 밖에도 일본, 미국 등 전 세계에 사냥새로 널리 도입되었다. 5~6월에 한 배에 6~10(또는 12~18)개의 알을 낳는다. 농촌, 산간 풀밭, 산림 등지에 살며, 수컷은 높은 소리로 울지만 암컷은 효 효 하고 낮은 소리를 낸다. 수컷은 장끼, 암컷은 까투리라고 한다.

나그네새

봄·가을에 우리 나라를 지나는 새.

◀ **검은머리촉새**
전장 14센티미터. 수컷 얼굴은 검은색, 등은 밤색, 배는 황색에 가슴에는 가는 밤색 띠가 있다. 날개에는 흰색 띠가 있다. 암컷은 색깔이 흐리며 다른 멧새류와 비슷하다. 쪼쪼, 쪼, 효요 히리 히오 효요 히리 효요 하고 낮은 소리를 낸다. 논밭, 풀밭에 산다. 우리 나라를 5월과 9월에 지나가는 나그네새이며, 드문 편이다. 유럽과 아시아 지역에 살며 동남아 열대 지역에서 겨울을 난다. 러시아 연해주, 중국 동북 지방 북부 지역에서 번식한다.

겨울새

우리 나라에서 겨울을 지내고 봄에 북쪽으로 돌아가는 새

▼ **가창오리**
전장 31센티미터. 수컷 얼굴은 태극 무늬처럼 보이나 암컷은 부리 뿌리 부분에 있는 얼굴의 흰 반점이 특징이다. 수컷은 코로 코로 코로, 암컷은 괏 괏 괏 소리를 낸다. 풀밭에 둥지를 틀고 한 배에 6~9개의 알을 낳는다. 러시아 레나 강에서 사할린, 캄챠카 반도, 코만도르 섬까지 번식한다. 한국, 중국, 일본 등지에서 월동해 왔으나 지금은 지구상 생존 집단의 대부분인 약 10만 마리가 한국의 주요 월동지(천수만, 아산만, 금강, 논산 저수지, 주남 저수지 등지)에서 월동한다. 벼와 물풀 및 낟알을 먹지만 풀씨와 열매도 곧잘 먹는다. 그 밖에 물에 사는 곤충과 다슬기 들도 먹는다.

여름새

겨울을 남쪽에서 지니고 봄에 우리 나라로 돌아오는 새.

▲**쇠물닭**
전장 33센티미터. 온 몸이 검어 보이나 옆구리를 따라 흰 줄이 있다. 아래 꼬리 옆깃에는 흰 반점이 있다. 부리는 붉고, 끝은 황색이다. 어린 새는 온 몸이 갈색이나 옆구리에는 흰 반점이 있다. 논, 습초지, 저수지, 하천가, 못 등 물가의 풀밭 특히 갈대와 물풀이 우거진 곳에 산다. 물풀을 쌓아 올리거나 물풀다발을 만들어 둥지를 틀고 한 배에 5~10개의 알을 낳는다. 온대와 열대에 산다. 한반도 중부 이남에서는 흔한 여름새.

▶**뻐꾸기**
전장 33센티미터. 암수가 거의 같은 빛깔이며 검은 잿빛이다. 배에는 흰 바탕에 어두운 갈색 가로 띠가 있다. 수컷은 뻐꾹 뻐꾹 울며 때로는 곽 곽 곽 소리 낸다. 암컷은 뽀옷 뻣 빗 삐이 하고 울 뿐이다. 직접 둥지를 틀지 않고 때까치, 붉은머리오목눈이, 알락할미새, 산솔새 들의 둥지에 한 알씩 낳아, 새끼는 가짜 어미새로부터 양육받는다. 유럽과 아시아에 널리 살며, 우리 나라에서는 흔한 여름새이다. 송충이와 기타 애벌레를 먹는다.

◀▼ 북방쇠찌르레기

전작 18센티미터. 온 몸이 회색을 띤 흰색이다. 뒷머리에는 검은 자색의 큰 반점이 있다. 또한 날개, 꼬리 등은 광택 있는 자색을 띤 검은색이다. 암컷은 수컷보다 색깔이 흐리다. 찌륵 찌르륵 운다. 정원, 공원, 건물 근처 숲에 산다. 공원이나 농촌의 작은 숲에서 나무 구멍이나 인공 새집에 둥지를 틀고, 5월 한 배에 3~6개의 남청색 알을 낳는다. 곤충과 나무열매를 먹는다. 동남아(말레이시아, 인도네시아) 및 중국 남부 지방에서 월동하는 드문 여름새이다. 우리 나라에서는 서울 이북 지방에서 드물지 않게 번식했으나 지금은 보기 어려운 희귀종이 되었다.